躲在蚊子後面的大象

那些隱藏在生活小事背後的深層情緒

In jeder Mücke steckt ein Elefant

Warum wir uns nicht grundlos über Kleinigkeiten aufregen

恩斯特弗利德・哈尼許 艾娃・溫德爾
Ernstfried Hanisch **Eva Wunderer** —— 著 不言 —— 譯

CONTENTS

前言 009

第一章 論蚊子與大象：引言 013

小事造成的壓力：四個小故事 014

不合理的歸咎——麗莎的故事 014

沒有實際傷害——史蒂凡的故事 015

老是為了襪子發脾氣——安娜和彼得的故事 016

假期中的壞心情——塞巴斯提安的故事 017

某人眼中的蚊子是別人眼裡的大象 018

明顯和隱藏的因素 020

個人處理模式：蚊子如何變成大象 023

失落的基本需求：大象般的後果 025

襪子裡的大象：伴侶衝突案例 027

本書能帶給您的收穫 032

第二章 搜尋標的：隱藏的大象 037

正向發展的基礎：滿足基本需求 039
從安全感到自主決定：需求層級 041
要是這樣就好了：我們所需要的都能得到 044
到達上方：獨立的成年人 049
如果需求失落：大象的產生 051
M-E-A公式：蚊子、大象和激動情緒 054
生活經驗及其留下的痕跡：七種典型大象 066
大象一：「我擔心失去庇護」 067
大象二：「我不受尊重」 071
大象三：「我無法劃定自己的界線」 074
大象四：「我不受重視和尊重」 078
大象五：「我不是其中一分子」 084
大象六：「我總是要讓步」 091
大象七：「沒人幫我」 100

第三章 尋找蛛絲馬跡：

您知道自己的基本需求嗎？ 105
生活品質：這對您意味著什麼？ 109
您生命中真正需要的是什麼？ 112
穩固的人際關係 117
重視和尊重 122
平等對待和公平 125
情欲和性欲 128
安全感 132
好奇 136
自主 139
您的需求總結：您滿意嗎？有衝突嗎？ 145
您如何分配時間和精力？期望和現實 151

第四章 找出您的大象們 161

您的大象：如何找出通往大象的途徑 164

途徑一：蚊子 164

途徑二：激動情緒 168

途徑三及四：受傷點和自我保護程式 173

途徑五：自我及外界形象 183

途徑六：審視生命歷程 192

第五章 重獲內心平衡的途徑 199

再也不怕被叮：更從容面對蚊子 203

緊急棘手情況下的七個建議 205

重視基本需求：

適當的問題解決方式取代過去的自我保護程式 210

檢視根深柢固的信念 212

替代的問題解決方式 216

正向的自我形象和他者的真實形象　219
認識自己的優點，運用這些長處　221
排除曾經歷的「弱點」　223
也是邁向未來的一步：不帶憤怒的和善回顧　230
對童年及青少年時期的正面記憶　231
對童年及青少年時期的負面記憶　234
遠離究責問題　240
穩固內心平衡：強化您的個性　243
需求總結：增進平衡的可能性　243
七隻大象是有用的指路動物　255
把自己的大象當作有用的引導　273
更有效分配精力：以您真實達成的成果當作行為方針！　292
致謝　302

前言

通常只要一件事就足以干擾我們的平靜：對抗黑暗中蚊子惱人的來回輕哼，手在空中亂揮，追打蚊子中間不慎賞給自己一個耳光，這些都沒有幫助，我們必須趕緊起身，開燈，投入追殺這討厭的傢伙。正如日常生活中的蚊子，小小的怒氣、誤會或者摩擦：它們一再發生，毫不退縮，有如按下按鍵一樣讓我們失控。「別把蚊子變成大象！」，「不要小題大作」，這樣的勸告也沒多大用處。

對小事大動肝火——每個人一定都知道這奇特又令人困擾的情況，我從自己和旁人的行為也一再經歷這種狀況。身為心理治療師，這也是我在診間和患者的對話中經常出現的課題。我注意到，大部分患者只期望，他們在這種時刻能多點從容——可以理解。他們利用任何可能性，好盡快排除這種不舒服的感受。對激動的理由感興趣，或者說得生動一些，把光線打在這些理由上面——

他們很少出現這樣的念頭，他們比較會氣自己那麼敏感。但是這卻意味著，只因為他們一時無法解釋，就不把激動當回事，認為激動並不恰當。

但若我們對照心理分析知識以及較新的行為治療理論（認知行為治療、基模療法、聚焦情緒療法以及策略行為療法），卻可以在所謂的小事及其引發的混亂之中，看到起初無法被辨識的較深層意義。令人驚訝的是這些「蚊子」會從煩人精變成有用的物種。從我的心理治療工作以及日常觀察當中，我選出幾個故事，它們可以清楚呈現其中的關聯。為了讓讀者理解，其中有些非關鍵細節經過修改，一方面不至於被回溯而找出真實人物，另一方面依然保留和真實經驗的關聯。尋找因為小事而發怒的好理由時，我接觸到人類基本需求有所缺憾的廣大領域，以及防禦後續傷害的大部分無用嘗試。為了重建內心平衡，認識自己的基本需求，並且發展出適當的技巧以滿足基本需求有其益處，將我於二〇〇九年發表的著作（《躲在蚊子後面的大象：因小事激動的好理由》）寫成新版本出書的動力來自於病患、朋友、熟人和同行的無數迴響，他們都覺得這本書很有幫助，卻也提供令我精益求精的建言。我感激地接納這些建議。我特別偏重在減少一些章節的抽象闡述，也就是寫得比較容易理解。尤其是第五章，我希望您在閱讀時獲得的知識都總結在其中，並說明解決之道。親愛的讀者們，您或能接受許多指引而激發自我反思，質疑過往的基模，嘗試新的思考及行為方式——若有必要，也合併接受心理治療支援。

恩斯特弗利德・哈尼許

二〇一九年一月

第一章 論蚊子與大象：引言

這幾天你總對我擺臉色。我想，我該問問，哪隻蚊子咬了你。

——詩人、作家／約翰・沃夫岡・歌德

沒人會毫無來由地因小事激動起來，就算表面上看起來如此。因為任何情緒激動都其來有自。當然，讓我們情緒不佳，甚至大發脾氣，或者震驚到沉默的事情，經常不容易辨識。此處與當下，我們眼中只有蚊子，而牠們尖尖的口器此刻正觸及我們心靈稍深處，好比敏感點是過去某個時間點或大或小的心靈傷害所造成。

接下來介紹四個小故事，故事裡的主角們似乎沒來由地跌入不舒服的情緒狀態，這些狀態難以理解也無法擺脫，於是導致多重沮喪：他們感覺糟糕，不明所以，不知道其中緣由，不能控制他們的情緒波動。

小事造成的壓力：四個小故事

■不合理的歸咎——麗莎的故事

麗莎和丈夫住在租來的房子裡，和鄰居友善往來，樂得不時聊聊天，即使他們說閒話讓她覺得討厭。

晚上十點，她的丈夫還沒回到家，麗莎剛要上床睡覺，突然間有人按門鈴，尖銳又急迫。她驚慌迷惑地開門，她的鄰居生氣地站在她面前，衝著她說：「這時候還用鑽孔機，您到底想怎樣！」

「我不曉得……我根本沒有鑽孔機。」這是麗莎僅能說出口的話。「那一定是再下一層樓。不知恥，都這個時間了！」鄰居咆哮著，剩餘的字句被她憤怒腳步踩得嘆息的樓梯間所吞沒。麗莎還聽到自己說：「抱歉。」然後關上門。她微微發抖，第一個念頭是：「希望她相信不是我！」然後上床睡覺。她激動的情緒尚未平伏，當她丈夫回到家，她告訴丈夫剛經歷了什麼事。他氣鄰居錯怪妻子，建議明天找她抗議，麗莎堅拒，無論如何難以平靜。他變得不耐煩，「現在先睡吧，反正又沒發生什麼事！」

■ 沒有實際傷害——史蒂凡的故事

史蒂凡散步結束後走向他的車子，他遠遠地看見另一個駕駛把車轉出停車位時，擦撞了他的新車保險桿，而且顯然想一走了之。史蒂凡憤怒地跑上前去，手腳揮舞，一邊怒吼：「你一定想肇逃！」另一個駕駛從後照鏡看到這一幕，下車問他發生了什麼事，他想著只不過輕輕碰了一下車子而已。兩個人一起仔細檢查保險桿，什麼都看不出來，史蒂凡還是止不住怒氣，他粗聲粗氣地堅稱：「立刻說出你的保險公司，不然我就報警！」被責怪的駕駛冰冷地回應：「隨您高興，您明明看到根本沒什麼。」他回答：「汽車必須送到維修廠檢測，車子可能有內傷（他真的這麼說！）。」另一個駕駛只是搖搖頭，開走了。史蒂凡奔跑著追了幾公尺，揮舞雙手好壯大聲勢，憤怒地要求對方「馬上停車！」，聽到的只有幾個冷眼旁觀的行人。

一個星期後——修車廠早就說明沒有損壞，史蒂凡還忿忿不平地向朋友說起這件事。

■ 老是為了襪子發脾氣——安娜和彼得的故事

一個經典而且恆久的問題範例：安娜和彼得結婚三年了，一起住在寬敞的都會住宅裡。安娜目前有個沒什麼挑戰性的居家兼職工作，操持家務，彼得是公司主管。彼得再次於晚上八點才精神緊繃地從辦公室返家，安娜迎接著問他：「今天過得怎麼樣？」他只以一聲輕嘆回應，脫掉大衣、夾克，解下領帶之後，他就陷進沙發裡。安娜知道這個態度表示：「電池已經沒電，我需要安靜！」這種情況下想等到他反問自己今天的感受只會是徒勞。因此她只提醒了一句：「廚房裡還有些吃的。」接著隱含一絲不耐煩說：「要是你等會兒能整理你的襪子和客廳裡的報紙就好了。」彼得於是生氣地回答：「妳又要開始了嗎？難道沒有更重要的話可說？」安娜這時明顯較大聲地說：「你問我？你才剛到家就立刻縮在報紙後面，比起經濟專欄，還是不管你迫切想讀的哪個部分，你顯然對我過得如何不感興趣。」彼得在沙發上坐得更沉，他的姿態並非放鬆，而是內在退縮的表現。他攤平的手滑過額頭，有如想撫平他的怒紋。為了避免爭吵，他努力尋求諒解，也因為他記起自己一再承諾，不把東西散放四處。「抱歉，我今天早上真的匆忙。」

假期中的壞心情——塞巴斯提安的故事

塞巴斯提安和妻子蘇菲雅冬天去度假，他們和好友夫妻一起租了山中小屋。塞巴斯提安經過幾個月的辛勞工作覺得筋疲力竭，身為軟體安裝企劃主管，他的工作向來涉及許多企業內部衝突和權力鬥爭。他一方面高興能逃離持續高壓一段時間，另一方面他又擔心，他的同事可能在他休假時入侵他的勢力範圍，可能在他缺席時作出重大決策……被雪覆蓋的山區景色，以及收音機傳來的韋瓦第《四季》將他拉回當下，期待兩星期的滑雪、睡覺、愉快的夜晚以及美食。

說到美食，他思索是否買足食物，小屋並不提供飲食。直到這時他才又想到，他的妻子早在幾天前就拜託他買好東西。在假期前的收尾工作壓力之下，他完全忘了這回事（或許也因為他基本上認為那應該是太太的任務）。他只得認清自己的疏失，打他朋友的手機。他覺得才不過講了兩句，對方就宣稱：「就買你們需要的東西，我們已經準備好我們所需要的東西。」塞巴斯提安頓時情緒低落下來，他有點失望，感到不安。一路下來，他都沒說什麼話，抵達小屋之後，他很快縮進自己的房間，又感覺疲累，沒興趣聊天。他妻子善意地詢問他怎麼回事，只是更讓他拒人千里。

這時他的手機響起，他的一個同事打電話來，對自己的打擾致歉，但強調他有多迫切需要塞巴斯提安的建議，好解決一個剛出現的問題。塞巴斯提安在這個領域是知名專家，他想出正確的解決方式，他的同事明顯鬆了口氣，表達謝意，掛上電話之前不忘再度表達歉意。結束通話之後，塞巴斯提安自覺像經過轉化一般，疲累和壞情緒一掃而空。他又和朋友為伴，心情極佳地度過夜晚。

某人眼中的蚊子是別人眼裡的大象

您個人或許也知道這種情況：負面情緒突然向您襲來，沒有預警，也沒有理由，有如「青天霹靂」。您感覺生氣或悲傷，變得沉默或憤怒，卻不知道自己發生什麼事。面對他人的詢問，您找不到解釋，自己也對情緒擾動感到困惑。

旁人的反應是驚訝、不解或責備。

「你突然間怎麼了？」「不要那麼敏感！」

「不要馬上就以為是針對你！」

「不要太超過！」

我們對這些評論的回應或許各不相同。

否認：「沒什麼。」

輕描淡寫：「我只是心情不好。」

自我控訴：「我覺得自己好蠢！」

怪罪：「你知道我受不了你把髒襪子四處亂丟／你用這種口氣和我說話／我們因為你的關係遲到／一切都落到我頭上……」

上述任何一種反應，都無法解除緊繃情緒，只會走向爆發或長期的情緒低落。

無疑地，沒有人能期待自己永遠平衡、堅強、樂觀、勇敢、自信、自制，覺得能滿足所有要求，這可是個過高的標準。因此，不舒服的感受如生氣、恐懼、擔憂、羞愧、受辱或失望，首先可能是對沉重事件的極正常反應。

同樣正常的是我們並不樂於體驗這些感受，想盡可能避免，或是快速擺脫這些情緒。我們經常努力在其他人面前隱藏這些情緒，我們學會分辨哪些情緒適合或不適合、合理或不合理在哪些場合表現，其後果影響深遠：如果我們壓抑誤以為不應產生的感受，通往重要需求的途徑就被切斷。我們之後會詳細解析這其中重要的關聯。

當我們把蚊子變成大象，我們雖然感覺到情緒，卻無法清楚將之歸因於眼前事由。我們覺得當下的事情太微不足道，或是被「健康的人類理智」降格成「小事」：我們無法向自己和他人解釋的感受，就被視為不恰當、尷尬、困擾或者陌生的感受，也許甚至被視為瘋狂或病態。

■明顯和隱藏的因素

從外在觀察，我們能說某件事稀鬆平常——也就是蚊子，只要事件在完全實事求是層面不需要花太多力氣就可以排除。彼得不需要花太多力氣就能整理好他的襪子，那麼就會讓人起疑，一切根本就和襪子無關。然而，真正的原因難以辨識。

如果引發我們強烈情緒的原因顯而易見，一切的發生就有所不同，在這種情況下我們不缺解釋，好比：

- 明顯輕視或貶低。
- 一再發生的不公平對待。
- 重大損失。
- 客觀上有威脅性的事件。
- 眼前的工作負擔過重。
- 積累的怒氣。
- 堆積如山的未解決任務。
- 急性焦慮，或者身體疼痛。

這些負擔意味著壓力，讓我們煩躁。此刻再來一些額外的討厭小事，有些人可能就會嘆口氣：「好像我要忍受的事還不夠一樣！」我們這時感覺一切都牽動我們的神經，知道這就是讓水桶漫出的最後一滴水。但是我們也經常見樹不見林。一切都超出我們的負荷，我們只感受到壓力。因此激動的原因可能：

- 容易或不易辨識。
- 就在當下（或不久前）。
- 或是被深埋在層層時間之下。

舊的和新的，明顯和隱藏的原因經常混合，但重點在於將這些不同的發生條件拉到眼前，否則會造成我們在錯誤的地方對抗情緒激動的肇因。

可掌握和難以解釋的情緒激動之間的差距，我們可用下列情境來加以說明：請您想像一下，您正在健行途中，必須走上一段樹幹，好越過湍急的河流。每個人都能了解您的躊躇，把這一切看作大膽嘗試，把跨越河流視為勇氣的明證，每個旁觀者都理解您的憂慮。但是如果樹幹放在平坦地面上，那麼走過樹幹只是訓練手腳伶俐，大部分的人都覺得不難。在這種情況下，恐懼的表現就無從被理解，「挑戰」在他人眼中就有如一隻蚊子。

沉重感受的功能就和身體疼痛一樣，告訴我們有些地方不對勁。我們自問，疼痛會是什麼意思，某些情況下會諮詢醫師，然後接受治療。在我們的例子當中，我們不需要醫師，也不必立刻就找心理治療師：如果我們突發性情緒低落的原因並不明顯，我們可以先自行尋找蛛絲馬跡。

■個人處理模式：蚊子如何變成大象

面對表面上無足輕重的事情卻產生不舒服的感受，我們尋求相應解釋的需求如何產生？答案並不複雜：我們並未意識到真正的原因，真正原因在過往之中，可說被隱藏在多層經歷之下，我們大部分的記憶無法隨心觸及這些經歷。我們為何以特定形式經歷些什麼，或者我們為何有什麼樣的行為舉止，我們只能以極小片段加以理解，這完全正常。出於良好因素，我們的天性如此。要是我們必須持續將所有相關經歷和意義關聯拉到當下，好讓我們能自處，我們的思考將無望地超過負荷。我們的腦子自動完成這一切，這個處理過程的結果是個複雜產物，由期待、設想和規則組成，我們遵循這個結果，但通常無法說明。正類似我們學說話的情況：我們發展語感，但不知道文法。

設想和規則基本上決定我們對現實的圖像：我們可認知、感覺、期盼、期待者為何，以及在各種情況下該做什麼。在我們一生中，我們塑造出個人的處理及行為模式，亦即所謂的基模，遇上特定情況，我們就自然而然地加以運用。基模協助我們將世界及自我感知為熟悉，是我們在世界上的行為指引基礎。基模由我們生活歷史的經驗總合而成，基模受到模範（在生命最初幾年，我們主要透過模仿關係人來學習）的影響，映射出如何和自我相處，以及我們所學到如何作出反應的方式。正面和負面經驗都在基模當中被處理和儲存，所產生的模式會長久維持，直到現實改變，要求模式加以調適，這時人會感到迷惑或者不安。我們因此經常緊緊攀附著這些模式，即使它們帶來的弊多於利。無法融入現有基模的就會被排除，或是被轉詮釋。如果基模可說已經老化，不適用於現今狀況，就會模糊我們對當前可能性的看法，因此有所謂有效（適當）以及無效（也就是不適用）的基模。

好比有些人深信，只有達到職業成就才是有價值的人，他們就過濾掉一些本來有助於收穫價值感的東西，片面地依照規則處事。「我必須努力、勤勞，規劃我的職業生涯，爭取地位象徵……」只要一點小挫敗，就足以導致不安及自我懷疑，採取或多或少適當的保護措施。我們在本書當中想挖出的大象，就回溯至這類不適當的基模。藏在蚊子裡的大象，牠的根源在於，在不同生命階段，在面對重要需求時所發生的負面經驗。損害這些需求留下痕跡：受傷點以及自我保護的內建程序，二者一旦被啟動，我們就為基本需求獲得重視和滿足而奮鬥——但自己卻經常說不出個名堂來。我們不問在不愉快或受傷的情況下真正需要什麼，反而試著盡快防禦這種沉重的感受。根據經驗，大部分的人很難認知這般蒜皮小事，指出基本需求受損。

■ 失落的基本需求：大象般的後果

即使我們雙親深信其行為是「為了我們好」，並不意味著他們的教育確實幫助我們認知自己的期望和需求，並且加以實現。依照孩子的個性加以對待並不容易，我們在某些方面要感謝雙親，某些方面卻也可能對我們造成傷害。好比在戰後成長的世代，通常接受的教育是要求配合、負起義務和遵守規範。例如要吃完「端上桌的食物」；收到禮物時要致謝，並表現出高興的樣子，即使不知道該如何處理這份禮物；對於只是浪費時間的造訪也要說歡迎，或者不要提出批判性的問題。

有這類舉止的人都在童年學到：「否定自己，滿足他人的期望，比關注和表達自己的感受及需求更重要！」

以這樣的方式而失去對自己根本需求與個人感受的意義的直覺，再也感受不到自己真正想要實現的是什麼也就不足為奇。結果可能是種「毫無期盼的不快樂存在」狀態。於是就像關閉對個人有益事物的內在天線，只接收他人的期待。尤其在職業領域，我們迫於約束、角色和準則，晚上只想要「我們的平靜」——我們僅存的可悲期望。原本可以非常多采多姿，只要我們有能力讓這些期望浮現！

面臨這些主要來自外在的規範，最小的混亂也足以大幅增加一個人暴怒或是委屈退縮的風險。我們已經吞忍的一切一旦重見天日，我們就知道哪些需求長年未曾滿足，接著產生哪些傷口。面臨可能出現的指責，認為我們小題大作，我們能說明自己的反應，進而使這些指責站不住腳。但是未曾觀察我們的內心生活，我們自己和旁人幾乎沒有機會理解我們壞情緒的深層意義。

不管我們願不願意：傷口一再作痛，激發陳舊如今卻常屬不恰當的基模，連帶激起相應的不愉快感受。就像擲骰子遊戲：我們在遊戲盤上擲骰子，上面寫著：「退後 n步！」在哪個遊戲盤，意即我們處在哪個人生階段，並非我們的記憶可隨意揭開。

我們首先需要的是關注自己和他人的感受，尤其當我們覺得不愉快的時候，可能正指向重要需求被忽略。就像空氣之於呼吸：爬山的時候空氣變得越稀薄，我們就越費力，缺氧迫使我們休息。稍微克制突然的情緒變化，思考我們正處於哪種欠缺狀態也一樣有意義。

那麼在前文所述狀況下，麗莎、史蒂凡、安娜和塞巴斯提安停下來思考的時候，究竟發生了什麼事呢？讓我們再看一次安娜的例子，她為了丈夫不愛整潔而與之爭吵。

■ 襪子裡的大象：伴侶衝突案例

安娜和彼得的衝突再平常不過，安娜的不悅也相當可以理解。共同生活的時候，對秩序的不同想像的確不容易達成一致，但這只是衝突的一個層面。安娜明顯且持續的壞心情還隱藏些別的——值得我們追尋更深層的原因。進一步觀察讓我們察覺，兩個人的重要根本需求如何彼此抗衡，也看到完整認知個人的大象有多困難。我們看一下兩人的生活背景：

安娜和彼得五年前在科隆結識，兩年後在當地結婚。安娜是個有魅力的三十四歲女性，一段時間之前還是商界人士，在一家中型企業擔任企劃主導人，這是個前程遠大的職位。在她結識彼得之前，她單身生活。彼得比妻子年長三歲，在慕尼黑長大，在該地完成法律學業，在一家國際企業集團爬上部門主管的位子。一項嶄新的職業挑戰將他引到科隆，他覺得這是次幸運的機會，因為他很喜歡友善的「萊因地區生活方式」。他再度被調回慕尼黑集團中心，特別讓安娜面臨一個重大衝突：她應該接受一個不符合她職業能力的半天工作，拋下她的朋友圈嗎？彼得提議自己留在科隆，找個新工作，但她覺得那並非他的本心。她對彼得的愛，以及和他建立家庭的期望，讓她最後同意搬到慕尼黑。他們的婚姻直至這一刻都還沒有孩子，安娜尤其因此感到情緒低落。

安娜和彼得來到我的診所，希望接受伴侶諮詢。其實主要是安娜的要求，彼得同意，因為他一直忍受著她「持續的不滿」。他抱怨她的嘮叨逐漸讓他感到絕望，他已經快要受不了因為「小事」而經常爭吵。她憤怒的理由雖然清楚，卻不能解釋她持續責備的激烈程度。於是彼得自覺有理由把沒收拾的襪子（通常涉及秩序）當作瑣事，無奈搖頭，或者生氣地皺起眉頭。他的解決建議：「我之後會收拾」，或者衝突進一步緊繃時表示：「要是讓妳煩心，乾脆自己去收」，實在適得其反。因為他們無法辨明亂放的襪子意義何在，於是激動和不斷爭吵的更深層原因也就不被探討。

安娜的說明也無助理解：「我就是不喜歡！」反而當她發洩怒氣說：「我又不是你的女僕！」其實比較接近大象。他通常的回答既可以理解，卻也同樣毫無用處：「不是，當然不是，拜託不要馬上就以為是針對妳！」有時彼得不耐煩地以譏刺的語調回應：「要是能讓妳快樂，我未來一定不會亂丟襪子。」然後——安娜不得不提醒他後面接的那一句話：「……好讓妳終於不要再嘮叨！」有時他的回答比較有幫助，好比：「我以後會努力……」安娜回答：「要是這樣就好了！另外，要是你不領悟本來就該維持整潔，那麼也沒有什麼意義。」然後轉向我：「反正我再也不相信他敷衍的承諾。」

對安娜和彼得而言，襪子不僅屬於洗衣籃，也是關係箱的一部分。直至目前，所有「務實」解決問題的嘗試都徒勞無功，陷入絕境。如果安娜清楚看出她目前生活欠缺什麼，她也許會說：「我常常煩躁，因為我不滿足，我缺少認同和重視。但我又做了什麼呢？我的日常大部分都耗在維持整潔秩序。要是我至少能找到有趣的兼職工作就好了！」進一步又想：「要是你在一旁支持我，雖然會減輕負擔，也是對我工作的認可，但是我最大的幸福就應該局限在完美持家，為我的老闆工作嗎？這可不是我對慕尼黑生活的想像！我還要等多久才能達成生孩子的願望？」她察覺卻不允許說出來的是：「我基本上嫉妒你，你可以享受刺激的職業生活，獲得認可，享受成就感，有時我甚至嫉妒你的煩惱，因為這些煩惱和你職業上的重要事務有關。」

如此一來，大象的輪廓就呼之欲出。承認深層不滿並不容易，後果卻影響深遠。安娜至今並未看出，自己經常煩躁乃是因為根本需求如認可、理解和自主沒有被滿足。她不敢仔細思考自己的不滿，於是根本原因也就一直隱而不現。

她的雙親給她的模範是人首要盡義務，並且服從這種規範。不問是否喜歡這樣的生活，只是去做必須做的事情。相應地，安娜的內建程式絕大部分由命令式組成，好比：「我必須照顧其他人！」、「我不可以自私！」，或者：

「整潔秩序撐起生活半邊天！」安娜的行為有如她深信不疑，認為努力維持完美標準乃是讓生活「上軌道」的適當方式——依照箴言：「遵守規範就能保有你的生活，因為，不曾滿足的願望而動搖你安全感的所有風險都在掌控之下！」呈現的表象是：在一些情況下，未曾深思的雙親模範和教養模式影響深遠，不必質疑，只要盡責！

看起來那麼狹隘的思想，和安娜仔細思辨的能力恰恰相反，其實卻是她的心靈面對達成意義和滿足等問題的保護機制。對安娜和她的丈夫而言，因為襪子起爭執，比提起重要需求未曾滿足要簡單得多。心理處理不滿的這種浮面方式，如果沒有仔細觀察生命經歷，其實並不容易理解。這種方式也不符合安娜的形象、她穩定的氣場、職業能力以及外表的獨立。為了要能理解安娜的感受，我們必須也在更深層次處理這個問題。觀察她的生命歷程（請見第78頁），大象就會呈現出外形。

彼得至今未曾是觀察的焦點，這個課題在他眼中的爆發點是他妻子一再表達不滿。要是他想得深入一些，基本上干擾他的不是持續嘮叨，而是對妻子和自己在一起並不快樂感到不安，他擔心無法給她所需要的。他自覺該對妻子的幸福負起責任，尤其她為了他以及想要孩子，而把她個人的職業野心置之度外。但他同時也不想放棄職業生涯，以及與此相連的社會認可，出於兩難就產生沉悶的罪惡感，彼得當然很不願意承認。稍後再繼續討論我們至此可推測出的大象。

在解析過程中也顯示，四處亂放的襪子究竟是蚊子還是大象——這一對伴侶不可能有一致的看法。彼得將襪子之爭輕描淡寫地說成討厭的小事，安娜相反地卻感到嚴重沮喪。彼得想把這件事辯解成「蚊子」，好繞過一個重大衝突。安娜相反地不善罷甘休，她想讓自己努力維持整潔得到認可，讓她的訴求被傾聽。所以蚊子裡是否藏著大象是個觀點問題，端視關注焦點，就足以對這個問題爭論不休。不過他們雙方可能都想到那是隻大象，只是他們不想正視。

本書能帶給您的收穫

您從這些故事或許可認出身邊的人、朋友、伴侶和同事的影子。故事都是簡單但顯然負載情緒的日常情況，通常大家只想視而不見。如果透過往日經歷來觀察這些情況，就形成清楚的畫面，當前的情緒波動正如過往的回音。

因此我想激勵您，思考起初難以理解的情緒反應，以更進一步了解其中意義。唯有如此，我們才能認知基礎的根本需求。之所以一再發作，因為小事情產生難以理解的情緒，這些只顯示冰山一角。真正原因仍然隱藏，只被間接交流，表面課題並不深入核心。我們完全實際面對問題，就可清楚察覺無法如此解決問題。

當我們出於細故陷入一個非常不悅的情緒狀態，非常可能意味著我們不僅對當前狀況產生反應，還情緒性地混合過去和當下。過去的感受被喚醒，從前的處理模式重新啟動，這些模式在當前生活狀態下並未促進滿足我們的需求，反而造成妨礙。這些模式會造成人際關係的莫大混亂。在通常早已經年的過往時光，這些模式或許是掌控狀況的最佳可行性，因此它們可算是種解決嘗試——即使早已過時。

例如擔心失去所愛的人對自己的喜愛，這樣的人可能努力善待他人，或者覺得自己反正很快就被排除，於是寧可自我退縮。這兩種模式通常各有些優點，一旦它們不能彈性地適應新狀況，卻也可能變成問題。過去有效的解決策略留存下來，它們曾一度很有用，我們也很熟悉。因此，一旦我們覺得受到威脅或不安，就樂於不經思索再度運用這些策略。每個人都知道，在承受壓力之下要嘗試新事物有多困難。

本書的設計協助讀者，一步一步深入理解小事引發的情緒。我將以我們前面段落的故事主角為例加以闡述，在適當的篇章一再回顧這些例子。您在閱讀當中可能發出的疑問，可從中找到答案。

我會在第二章闡述隱藏的大象圖像，為現前的、當下無法解釋的情緒狀態，以及這些狀態與生命過往情緒經驗之間的關聯，提供容易理解的說明。對下列問題提出解答：根本需求是什麼？當需求沒有被滿足意味著什麼？換句話說，受傷點如何形成？為了避免這類沮喪，人會發展出什麼策略？受傷點被觸動時，會發生什麼事？蚊子當中為何藏著大象？

我們如果將前文提及的故事，以相關的生活經驗加以填補，將會呈現這般尋找蛛絲馬跡有多大的幫助，讀者們早已從安娜和彼得的伴侶衝突例子得知。麗莎、史蒂凡和塞巴斯提安的故事我也會以此為背景加以說明。其他章節也應有助於各位尋找自己的大象，並且有建設性地加以處理。

您在第三章可以檢視，您重視的是哪些根本需求，哪些或許被您忽略。藉著回顧生命經歷，您能確認您生命當中的根本需求是否未曾被滿足。

您如何發覺自己潛在的大象，可以從第四章得知。哪些您不太能解釋的負面情緒狀態卻一再經歷？您的受傷點在哪裡？您發展出哪些策略以處理這些受傷點？根據這些策略，您有什麼好理由因「小事」而激動？

帶著從中獲取的認知，您已經準備好迎接第五章。您已經看到負面情緒狀態的意義，您再也無法將這些狀態等閒視之，只因為它們起初看來難以理解。在旁人奇怪的煩躁情緒下，您的同理心也會強化。這個關聯也顯示，根本需求的失落和滿足原則上發生在人與人之間的領域，我們其實面對的是當前以及／或者過去的關係課題。

許多引導和練習指引您如何走出困境和糾結。您可以藉助問卷和自我觀察，發揮您的能力並繼續加以發展。所有建議方法，都是為了穩定您的心靈平衡。

我們的「內建程式」奠定在我們的天性和儲存起來的經驗上。這些經驗會被新的經驗糾正，這需要勇氣和耐心，但是舊的、今日不再適用，通常只會讓問題惡化的保護措施將變得多餘。要是我們能對新的、有彈性的解決方式保持開放，我們就會知道，有些涉及根本需求的衝突並不必然是二選一，而是打開通往二者皆可的大門。如果您知道自己真正需要什麼，您可以檢視，您是否把精力用在重要的生活目標上。然後或許您會經歷到，您也能告別一些期望和活動，它們對您的需求滿足沒有什麼貢獻，對滿意的生活並不真的那麼重要。

有個嘗試滿足需求的好例子是用智慧手機或電腦上網，許多使用者期盼獲得關注、接觸和被人傾聽。網路所提供的不僅是虛擬多樣性，機器也告訴使用者什麼對他們有益，他們可能喜歡什麼，他們可能對什麼感興趣，計算機變成「好朋友」，通常投注在機器上的時間和精力遠超過個人真實經歷親近感、受重視、牽絆和其他人際的需求。這樣看來，本書也是在呼籲數據世界以外應有真實生活。

第二章 搜尋標的：隱藏的大象

對正確的人，以正確的強度，在正確的時間，對正確的事以正確的方式發怒——並不容易。

——古希臘哲學家／亞里斯多德

車身上想像的油漆刮痕，到處亂丟的襪子，簡短的電話訊息，憤怒的女鄰居——這些小事何以讓人如此激動？這些小事碰觸受傷點，前文所述故事的主角在這些點上特別敏感。但這些敏感從何而來？我們就從麗莎、史蒂凡、安娜、彼得和塞巴斯提安的生命故事當中尋找答案。當下和過往的課題就像拼圖一樣，形成令人驚訝的相關圖像。

如果我們想找出，為何某人的反應是這樣而非那樣，我們必須找出特定事件對此人的意義。好比麗莎起初因為忿忿的女鄰居而受到驚嚇，接著她腦海閃過的念頭：「鄰居對我的態度惡劣，我不能忍受。」——難以推想，除非我們在她的過往尋找線索。這麼做需要有意願、耐心、開放心態以及勇氣。但是值得一試，因為能讓我們發現她的根本需求。

所以我們想知道：

- 突然的情緒變化原因何在？
- 背後藏著哪幾隻大象？
- 這些大象是怎麼成形的？

請您想像一下，某人穿著嶄新卻很緊的鞋子，開始漫長的健行之路。他的腳起初傳來輕微的壓迫感，壓力到達一定的程度就轉成持續的疼痛，最後皮膚磨破，產生開放性傷口。健行者跛著腳，試著減輕疼痛，急忙抄近路回到起點。回家的路上，在擁擠的車廂裡，同行的旅人無意間踩到他的痛腳，他反射性地叫出來，比他自己想得更大聲斥責說：「該死的，您就不能當心點！」同行者名副其實地碰到他的受傷點，當然沒有事先預料到，因為傷口被包藏在鞋子裡。長途健行鞋子的選擇、盡可能避免疼痛的嘗試、中斷健行，以及不慎觸及傷口，這一切共同導致沮喪及不悅。概括而論：尋求保護身體免於痛苦的根本需求受損了。就這個例子而言，整個過程容易追溯理解，原因一清二楚。我們的健行者可輕易向同行旅人解釋，為何他的反應如此激烈。

面對隱藏的大象就不同了：我們心靈如何形成受傷點，雖然依循的是同樣的原則，但一般比較隱而不顯，因為需求不滿足和掌控的嘗試有個久遠的前因，而我們早已不復記憶。要是這久遠而敏感的點被碰觸，我們有理由激動，可惜卻難以解釋。鞋子究竟擠壓何處，這個問題也能協助我們釐清這隱藏的理由。

正向發展的基礎：滿足基本需求

事情如果順心如意發展，我們就產生良好感受，這時我們最重要的需求被滿足了。如果情況不是這樣，就會產生不舒服的感受。但是我們一直都確知我們需要什麼嗎？通常回答「我們（再也）不想要什麼」這個問題比較容易，例如：我們再也不想有這麼多事要做，不想生氣，再也沒有恐懼，再也不會無聊，或是不必再煩惱什麼。

所以當我們情緒轉向「負面航道」時，我們如何認知我們真正需要的是什麼？哪些需求不滿足或者受到威脅？究竟什麼是普遍的人類根本需求？

為理解大象而別具意義的根本需求落在人與人之間的領域。當我們來到世間，有些根本需求早已存在，有些則是後來才開始發展，受到文化影響而有個別呈現。為了健全發展，不可或缺的是滿足這些需求，尤其是在童年。腦部研究令人印象深刻地證明：如果沒有穩定、充滿慈愛的關係人提供安全感、溫柔和鼓勵等等，早期孩童腦部發展將會受損。根本需求因此和個人期望不同，後者原則上無限多變，就和人一樣有百百種。某人或許希望能環遊世界，建一座花園，安靜地看書，開一部大車，懶散地躺在沙灘上，出現在電視螢幕上，慶祝狂歡盛宴，擁有很多錢，很有異性緣，凡此種種期望當然可能和根本需求相關。旅行能平息我們的好奇心，顯眼的轎車，在社交媒體上有很多追隨者，或者上電視，這些都反射出被重視的需求，共同慶祝帶給我們歸屬感。這麼看來，期望和實現期望只是達到目的的手段，也就是滿足根本需求的許多可能性之一。好比某人期望有部大而馬力強的越野車，他坐在車裡就覺得堅不可摧，或是產生優越感，能睥睨開小車的駕駛，他其實也可以不要想著：「我要有這樣的車。」而是表達他的需求：「我想要安全感，並且高人一等。」實現個別期望給我們滿足感，或是幸福感，但我們的福祉根本並非取決於此。根本需求則不同：如果根本需求長期未被滿足，我們的心理平衡就岌岌可危，後續通常也危及我們的身體健康。

因此滿足根本需求是我們感受良好的基礎，我們要有滿意生活所需的一切都奠定其上。我們如果長期覺得不被愛、不受保護、屈居人下或是不被理解，都會持續影響我們的情緒狀態。相反地，如果我們覺得在世上受到歡迎，我們的愛得到回應，我們的行為達成期望的結果，能避免不愉快的經驗，對自己的想像正面，就會有良好的生活。

■從安全感到自主決定：需求層級

除了前文提及人與人之間的根本需求，還有對我們切身生存問題至關緊要的生理需求：進食飲水、休養睡眠、呼吸乾淨的空氣，保護身體不受寒不受傷，如果這些需求沒有被滿足，或是受到威脅，其他需求可理解地就更難被正視。假設某人獨自健行時磨破腳，他缺少的不是人際溫暖，而是主要期盼脫離這無助的狀況。我們可以將之想像成某種「需求層級」。

美國心理學家亞伯拉罕・馬斯洛（Abraham Maslow）早在一九五〇年代就提出層級模型，呈現我們健康發展及滿足生活所必需。他區分「較低層」和「較高層」的需求，但並非價值評判，只是表達發展的階段性，各階段各有不同需求逐漸發展。他舉出五個需求層級：

較低層級的需求完全被滿足之後，較高層級的需求才能確實獲得滿足。「較低層級」的需求當然攸關生存，一旦大致被滿足，就不會被注意。

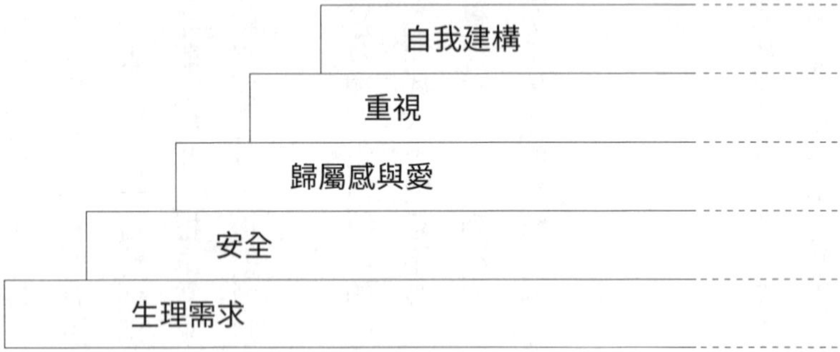

在某個層級有嚴重缺失，我們就不能毫無阻撓地進到下一個層級。孩子如果覺得沒有受到保護，就不容易和家庭分開，孩子如果不被愛，就會覺得自己不值得被愛，之後幾乎無法給予愛，只餘難以止息、追求滿足失落需求的渴望。

順帶一提，許多人傾向在較高層級的需求受損時（例如不被重視），轉而滿足低層級的需求（例如「出於沮喪」而進食），長期卻難以承受。

童年時期是否曾在某個層級遭受挫折，卻經常不復記憶——視當時年齡而定。即使還記得某些場景，但是又如何能得知，當時何以如此無助、孤單或覺得不被理解。這使得不易理解的暴怒或畏縮難以和往事連結。要審視這種關聯性，我們可以用不同方式拓寬視角。

我想借用一個——不得不承認經過理想化的人生經歷想像，這個「健全世界」的圖像當然達到一個超高標準。不論是您的雙親或者您本身，或者您有孩子，都無法隨時達到這些要求。

因為我們還有夠多的缺憾及問題要處理，就容我們先描繪這樣一幅理想的畫面，讓我們看到，人需要什麼才能讓個性正向發展，讓我們看到關鍵的根本需求。當作對照，我接著將陳述，如果我們不十分符合這些理想，究竟意味著什麼。

要是這樣就好了：我們所需要的都能得到

當我們誕生，我們首先需要安全和保護。我們的雙親（或者替代性的其他固定關係人）歡迎我們的到來，充滿慈愛地照顧我們。在理想的情況下，雙親的生活和需求保持一致，互相協助，尊重對方。我們需要他們的時候，他們都在。他們對我們尖叫的各種音頻有著精準的天線，我們想被撫摸的時候，他們不會餵我們吃東西。我們和他們建立緊密的關係，認得他們的氣味、聲音和微笑。在這段時間我們會以為一切都繞著我們轉，進食、喝水、吃飯、擁抱、歡呼、尖叫、被背負、打嗝、放屁還有包尿布。

我們的發展依循我們的基因設定：我們逐漸變得好奇，用手摸索，把東西放進嘴裡，到處爬，拓展我們的視野，模仿，學習走路和說話。雙親通常就在身邊，當我們遇到危險，就急忙趕過來，當我們跑遠就隨時看著我們，當我們害怕或者被弄痛的時候，他們了解我們，安慰我們。

我們的生活空間變大，開始嘗試新事物，逐漸勇於擴展我們的活動範圍。在遊戲當中——獨自一人，和兄弟姊妹一起，在幼兒小組或是幼稚園裡，試試我們新發展出來的能力。我們的努力獲得讚美，我們初次失敗，雙親不會失望，在我們需要協助的時候支持我們，鼓勵我們接受新的挑戰。他們不會一直用新的玩具來苛求我們，他們不會阻止我們幻想虛擬的世界，這些世界是成年人為孩子們想像出來的，他們教導我們有意義地使用手機和網際網路，不會為了自己不被我們吵鬧而做些什麼，我們偶爾無聊的時候就忍耐。我們沉浸在遊戲中的時候，他們不會干擾我們；回答我們好奇的問題。他們了解我們，即使我們的世界完全和他們的不同。他們對我們感同身受，即使我們多以行為而非語言表達，我們的情緒都被正視，他們不會試著勸阻我們。我們雙親特別關注我們的需求，他們重視我們的需求，即使並非一直或立即加以滿足。我們從中學到承受沮喪，被鼓勵努力達到長期目標。

我們逐漸發展出自己的意志，想要自主決定，我們頑固的「不」被認真看待，雙親被我們反駁的時候就忍耐，不會訴諸權威，反而和我們討論。他們設定清楚且一貫的界線，我們可以信賴地依循這條線。我們學到規則和規範，只要雙親的成人角色允許，他們就是遵守規則的模範。在和雙親以及同齡者相處過程中，我們得知何謂對他人有同理心，行為合作、團結，同時能自我主張，注意自己的需求。我們也經歷到雙親致力維持公平和平等對待，每個人都拿到同樣大小的蛋糕。沒有人會被不公平地懲罰，雙親向我們說明，為何我們有時必須退讓，教導我們顧慮他人，卻不會讓我們必須承受委屈的感受。

隨著每個學習步驟，我們就多贏得一些獨立性。我們對自己的行為越來越有信心，在符合年齡的可行範圍內，我們可以照顧自己，解決日常問題，賦予自己新的任務。隨著我們行為空間的擴展，我們得知在生活領域內可以積極影響事情發展。我們增長的信念，深信透過我們的行為能穩定心靈平衡，趨近我們的目標，滿足了兩個最核心的需求：自主決定以及信賴自己的能力。我們的雙親放手讓我們一搏，給我們自由空間，他們能更好更快完成一項任務的時候也並不介入，我們贏得自信和自主。

另一個重要的根本需求在生命最初幾年就已開展：滿足情欲的需求。以自然的方式，我們探索性部位，享受刺激，發現和另一個性別的差異。我們追求親密感的需求也在發展中，尋求尊重我們自然羞恥界線的需求被正視。當我們不想被碰觸，或是不想要有溫柔撫摸，我們會察覺，因為它們不符合我們無礙發掘我們幼年性欲的需求，我們可加以清楚表達。

帶著對我們自我認同的知識，以及對自身能力的信心，我們走入新的社會關係，體驗同齡團體的歸屬感，進入愛情關係，對雙親及其他成人劃出不同的界線。一旦我們的界線被忽視，我們就在家庭內外獲得一切支援。

當我們質疑父母，想擺脫父母，雙親不會有受傷的反應或者失望，承受一切。他們慈愛地陪伴我們走在辛苦的成長道路上，我們並不因此就少了危機、衝突、疾病、恐懼、憤怒、悲傷和自我懷疑，但是這一切也給我們重要的成長動力，我們變得強壯，走出這些狀況。

出於雙親觀點，這些發展條件可以被當成兒童教育指南一般閱讀。確實，相應的行為是各種親職訓練的基本部分（例如在美國發展出來的「效能親職系統訓練」（Systematic Training for Effective Parenting）——簡稱STEP，或是「積極親職教育」（Positive Parenting Program）——所謂3P）。

心理學文獻對根本需求有各種分類，名單或長或短。我選定一個中等的分類，以馬斯洛和蘇厄茲的需求層級為範本，作出下列分類。您身為讀者也許會認為其中缺少一些對您個人而言，或是您以一般人觀點來看非常重要的需求，好比對生活意義、宗教／精神層面和美學等的需求，這方面可以無止境地討論。但我盡量集中討論那些至少在我們文化圈當中應具有相當普遍性的需求。

因此，視生命階段有不同意義，我們最重要的根本需求如下：

- 以愛、保護、庇護、歸屬感和理解建立的穩定關係
- 重視和尊重
- 同等對待和公平
- 情欲和性欲
- 安全感
- 好奇
- 伴隨自重、自決、自己劃定界線以及信賴自身能力的自主性

■到達上方：獨立的成年人

如果我們經歷這般幸運的發展條件，整體而言，身為成年人應該可以感到滿足，並且獨立生活，帶著一分孩子氣的無拘無束、創意、好奇以及遊戲的喜悅。我們——

- 可能會發展出一套自定的價值系統。
- 能維持生活、需求及興趣之間的和諧。
- 可能會有穩定的自我價值感。
- 相信自己的能耐，可能覺得一切都在控制之下。
- 也允許自己出現強烈的感受，以及脆弱的表現。
- 可以建立令人滿足的人際關係。
- 面對不同的角色期望不會動搖（例如身為工作同事／商業夥伴、邀約主人／異文化中的旅人）。
- 覺得自己是社會的一分子，並且能以適當方式回應困難挑戰。

我們最重要的根本需求可算已經滿足。就我們的課題而言，蚊子在我們眼中就是隻蚊子，大象只是大象。我們無須處理受傷點，不舒服的感受可以依照當前狀況現實加以歸類，我們的心靈無須因為過去的傷害而發出警訊。

麗莎不會接受鄰居的行為，因此只生氣一下子；史蒂凡很快就對汽車受損的事冷靜下來；安娜和彼得不會把他們的衝突只局限在襪子上，而是談談安娜真正的需求；塞巴斯提安會配合地和妻子達成一致，看看還要為假期採買些什麼。

對啊，要是一切一直都這麼簡單就好了！那麼我們也不需要思考，我們的心靈究竟如何運作。我們大可保持一無所知，就像身體健康的人沒理由去想，他的肝臟是否正分泌必需的酵素，或者他的肺是否吸進足夠的氧氣。精神治療師會失業，我也沒理由寫這本書。可惜我們在發展過程當中，原則上卻會經歷失望與沮喪，我們卻未有足夠心理建設去應對這一切。我們——至少在兒童時期，解決或大或小災難的嘗試因此經常不甚完備。在難以釐清的壓力情況下，我們傾向於重拾過往的評價及處理模式，而非嘗試新的可行性，蚊子於是變成大象。

當我們認知我們受到何種需求損害，以及如何嘗試以各種手段回到正軌，我們就能認知自己對小事激動的充分理由。我們不舒服的感受這時就變成有益的學習路標，這條路徑是由正在籌設的公益團體「重視根本需求協會」（簡稱VAG e.V.）所推動。

如果需求失落：大象的產生

我們的生命道路特徵是有著許多岔路，路旁豎著想像的指示牌，引導我們在各種情況下該做什麼，以及該走上哪一條道路。這些指示路標可能有所幫助，好比：

- 「重視你的需求！」
- 「乾脆就試試看！」
- 「不要人云亦云！」
- 「正視你的感受！」

●「相信你自己的判斷力！」

有些路標則是障礙，限縮我們的發展性。對形成大象至關重要的是那些教條及禁令，它們不允許我們重視自己的感受和根本需求。路標上可能寫著：

●「要理性！」

●「盡力去做！」

●「不要自我中心，不要把自己看得那麼重！」

●「不要那麼敏感！」

●「不要引人側目！」

●「你就照我說的去做！」

這些句子不一定公然說出來，經常是在字裡行間透露出來的訊息，它們決定家庭環境的氣氛。它們也不一定在所有情況都是錯的，或者不恰當，只在它們訴求是唯一可行的規範時，才會是錯誤或不恰當。無論如何，我們在這條路上學會區分，哪些感受和需求在哪種情況被視為受歡迎或不受歡迎，合理或不合理。下列的例子並不特別煽動，雙親行為粗心大意也非超乎尋常。孩子時常經歷到自己的感受不被正視時，大象才會成形。

- 孩子生氣或憤怒，因為他覺得比起其他手足他吃虧。爸爸安撫地說：「根本沒這回事，不要那麼嫉妒！」
- 有個學生早上肚子痛，不想去學校。母親的安撫反應：「一下子就過去了。」她的孩子稍微小聲地說：「但是我害怕，因為班上的人老是作弄我。」母親不耐煩，因為她必須去上班：「你就不應該吞忍啊！」

第一個例子對孩子意味著，他的感知不正確，他的感受被批判。在第二個例子當中，感受表達被忽視，並且和一個（過度）要求相連結。孩子如果能自我防禦就沒有恐懼。

當孩子一再經歷特定感受表達被干擾，那麼他們就會從中——自動而且無意識地得出結論：「這種感受不合理或不可取。」可惜孩子們幾乎沒有機會，自覺地提起雙親或其他關係人的負面評價，並且加以思辨。比起孩子的感知，母親、父親或老師說的話更有分量——至少在他們學會劃定自我界線之前。於是「不可取」這個標籤就被內化，有時直到生命終點都不曾再加以審視。如此，一個人感受世界的途徑、連帶他通往根本需求的途徑，都可能長期受損。

檢視已經習慣的途徑會相當有收穫，我們的感受反應於是變成通往重要需求的指標。

■ M-E-A公式：蚊子、大象和激動情緒

前文的幾段故事有個共通點，亦即出於細故（蚊子）就相當激動或感到沮喪。為了以簡單的式子表達，我將激動標示為A，蚊子標示為M，大象則標示為E。

我們的M-E-A公式依循一個解釋感受的模式，也就是美國心理治療師阿爾柏特・艾里斯（Albert Ellis）所謂的A-B-C模式，根據這個模式，引發情緒的事件（A）導致的情緒結果（C），可藉由事件對承受者的意義（B）加以解釋。

我的出發點是，沒有人會因小事而激動。可能理由就在眼前，因此容易解釋，好比壓力因子累積，總合起來就不是小事（請參考第21頁）；也可能我們自己或其他人對較深層的意義視而不見，這層意義被當成無聊的肇因。這個公式顯示，並非蚊子導致激動，而是由根本的大象引發：就像冰山一樣，我們的大象起初被遮掩，只是感覺到的模糊威脅。

因為不論蚊子或激動的形態都不能在第一時間顯示，為何某人的反應如此激烈，我們必須追問，這個肇因對承受者有何意義。如果我們注意到和激動相關的想法，就找到第一條路徑。這些念頭可說是自動產生，也就是不經思考進入意識。美國心理學家亞倫．貝克（Aaron Beck）相應地稱之為**「自發想法」**。

即使我們常常幾乎沒注意到這些想法，他們卻隨著每次情緒反應出現。因此，當特定感受浮現，將閃過腦子的想法拉到眼前有所助益。假設您的主管出乎意料地邀您談話：您會產生哪些感受？哪些想法閃過您的腦子？您可能會有種不舒服的感受，想著：「他一定又要挑剔什麼！」或者您覺得受到重視，

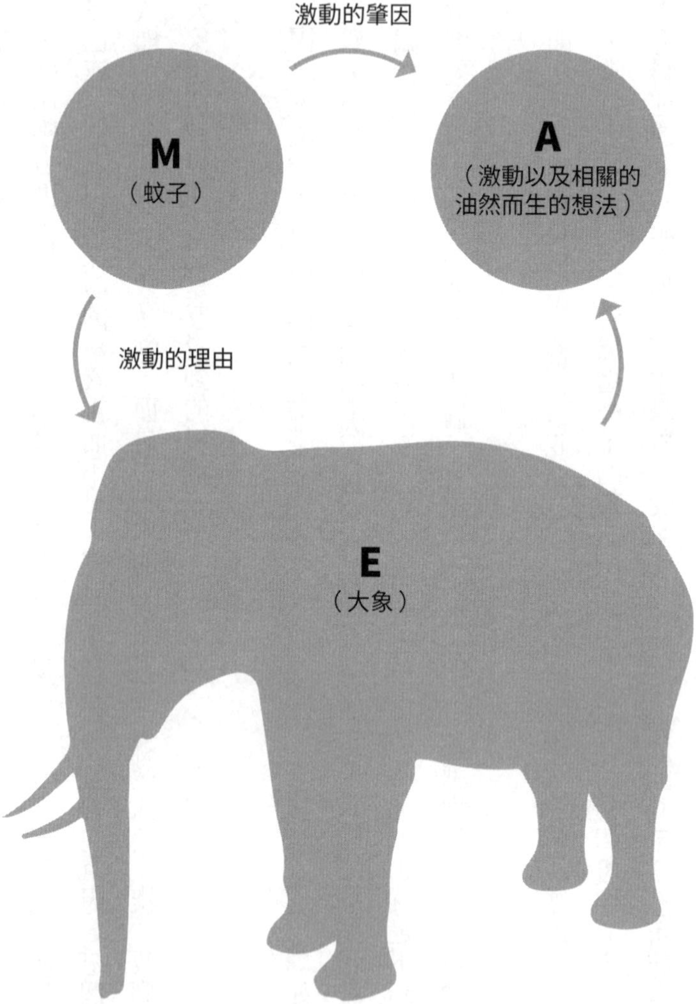
激動的肇因
M
（蚊子）
A
（激動以及相關的
油然而生的想法）
激動的理由
E
（大象）

因為您深信主管再次需要您的建議。或者您想像一下，深夜裡電話響了，您可能生氣，因為您想著某人一定撥錯號碼；或者您嚇了一跳，因為這只可能意味著壞消息。或者我們看看麗莎丈夫的情況，他不須長考就清楚：「我太太遭受鄰居不合理的指責。」他相應地生起氣來。麗莎相反地對鄰居的暴怒感到威脅性，因為她的嚷嚷讓麗莎害怕。她最重要而且完全自發浮現的念頭是：「希望她相信發出噪音的不是我！」為什麼她認為這點很重要？麗莎思考了一下之後，她的答案是：「要是她不相信我，對我的態度不好，我會無法忍受。」類似的思考模式決定麗莎在許多衝突情況當中的經歷和舉動。但是這種思考模式如何形成？

我們從麗莎的生命經歷找到答案，接下來我將仔細加以描述：她覺得，唯有她把自己的需求放在第二位，表現出需要協助，而且不要做任何會刺激易怒父親的事情，她才會被父母疼愛，受到他們的保護。

為了不要失去雙親的關愛，麗莎無意識地——發展出一種應對策略，可理解為**自我保護程式**。

正如常見的，麗莎把閃避當作主要策略，也就是努力迴避衝突。自我保護程式依循僵化的信念及行為模式，以避免再次發生需求失落。

我們可以如何理解這種程式？我們的行為合理地受到不同規則和固定程序的左右，這些規則和程序在我們學習過程中經證實有效。舉例而言，我們於是不須每天早晨重新思索鎖上家門的意義。我們知道必須做什麼，行動也與之相符。尤其是在承受壓力的情況下，我們需要快速、「直覺」正確行動的能力。但是這些模式也局限我們的應變選項。如果我們的需求受損，或是受到危害，我們可說聽從「內在的必行令句」，也就是僵化的信念，指示我們什麼可以做，什麼不該做，以面對危險。伴隨而來的威脅感讓我們嘗試掌控，這些嘗試乃是出於學習經歷以及遺傳基因而得以選用，基本上引導我們趨向逃避或攻擊：逃跑、躲藏、裝死或奮戰。有時我們也不知道自己該怎麼做，在不同可行性衝突之下有如癱瘓。

我們如何逃跑或回擊都依循過去的策略。以逃跑的情況而言，我們試著擺脫威脅情勢，想「挖個地洞躲進去」，或者把頭埋進沙子裡，就為了躲避危險——即使徒勞。配合或屈從也是一種逃避，因為這時我們否認自己合理的需求。相反地，如果回擊，我們就嘗試歸罪他人，行為強勢，以收回關愛、批評、嘮叨懲罰他人，或貶低身邊的人。下文說明不同大象，以及在第四章，您可以認識這些思考及行為模式。

為了避免誤會：自我保護是合理的訴求，但是我們怎麼做，卻可能非常有問題，不管對自己或他人都是。保護程式以其效應可能非常有破壞性：貶低他人，甚至真的肢體攻擊，遵循「攻擊是最佳防衛」的原則，或是濫用權力，都是有殺傷力的行為例子。避免或逃避以自我保護並非真的穩定：我們不再看到自己，失去對自己的尊重。我會在第四章回頭討論這個問題。

碰觸**受傷點**會啟動自我保護程式，受傷點指出根本需求的真實損失，或是擔心會受到的損失。經歷過的激動指向真正的威脅，原則上最初卻只能猜測；我們所察覺的經常是心靈的刺痛，是受傷的訊號，以及相關聯的內心平衡受損。無力、卑微、不明恐懼、一絲羞愧或憤怒、生氣或頑固的感受經常出現，這類經常是散亂的情緒混合可能伴隨著迷惘的念頭碎片，需求和行為衝動互相牴觸，充斥著腦子並且散播全身：或以言語或以沉默，以聲調、表情、身體姿勢、膚色或動作呈現出來。每個人當然都想盡可能擺脫這般不舒服的狀態。出於這個因素，自我保護程式就被啟動——我們越是沉浸在過去的感受當中，反應就越激烈。大多時候，反應來得如此快速，使我們根本再也無法察覺真正的感受（例如並非害怕而是生氣，不是怒氣而是根本上感到哀傷）。原則上我們不能認知這時受影響的是根本需求。

一旦觸及受傷點，我們對本身和周遭的體驗就奇怪地改變，一切都顯得不對勁。在棘手的情況下，我們於是**對自己和旁人有著窄化的印象**。

我們的自我形象影響我們的自我理解，而且我們不會多作思考：我們認為自己勤勞或懶惰，自信或意志不堅，目標明確或漫無目的，是早起或是賴床的人，是烏鴉還是幸運的人，是樂觀或悲觀，會享受還是禁欲，這一連串的描述還可隨意增加。我們同樣對身邊的人有所想像（我們對他人的想像是該人所謂的外界形象），我們把某些特質劃歸到他們身上，不必然一律正確，卻給我們粗略的遵循方向：天真、算計、權力欲、自私、謙虛、可愛、懦弱、權威、孩子氣、大人氣等等。這些歸類都是簡化，但是幫助我們自處，為我們劃出界線，把我們歸類，定位我們。

自我形象和外界形象並不固定：也許您自己已經注意到，您在不同團體中的經歷能有那麼多變化，您和某些人在一起的感受有多好，另外一些人卻剝奪您所有開放心態、愉悅、精力以及自信等等。有些人會想到某個老師，對方讓他覺得自己是失敗者或承載希望的人；想到雙親，認為他永遠成不了氣候，或者傳達給他良好的自我價值感；想到同學，對待他有如他不存在，或者樂於和他接觸。這些形象存在我們心裡，描繪出不同外型和色彩，可能強化或弱化我們。

即使是最平平無奇的情況，也能喚醒無益與窄化的自我及外界形象——只要大象插一腳，我們瞬間進入一種狀態，讓我們在過去需求受損，以及舊有的自我保護程式影響下經歷一切。在前文描述的情況下，麗莎被自己的一個形象引領著，以文字表達可說：「如果我劃定界線，對他人說出我的意見，或是多所挑剔，我就不是可親的人。」這種態度當然不是她深思熟慮之後發展出來，而是無意識地形成。亞倫．貝克稱這些對自身的根深柢固、長期維持的想法為「基本設想」。可想而知，這種自我形象對麗莎的自我價值感有負面影響，也會影響她和他人的關係，因為在她維持不變的友善外表之下，隱藏著她真正的感受。麗莎同時也產生「他人對她的印象」：「我身邊的人只有在我舉止得體的時候才喜歡我。」因此對自我的印象，以及他人對自己的印象，二者其實相輔相成，一體兩面。

麗莎的大象源自根本需求沒有完全被滿足，對無條件的愛及庇護的根本需求失落，於是她就產生符合她負面經驗的自我及外界形象。她的自我保護程式協助她閃避後續的失望。

因此她的受傷點、自我保護程式和狹隘的自我及外界形象乃是源自**過去的需求不滿**。

其中的關聯並不清楚易見。我們心靈進程依循無意識的處理及行為模式，亦即上文所謂的基模，基模決定我們認知什麼，如何詮釋所認知的事物，以及我們如何對眼前的要求作出反應。即時而且被當作無法解釋的壓力情況能將我們推到一種狀態中，這狀態和我們仍是孩子時的過往經歷相應——也就是全然不同於今日的自我形象，可能造成難以解釋的無助、害怕、生氣、哀傷和委屈的感受。我們陷入的這種狀態，其特徵乃是早期的受威脅感、狹隘的自我及外界形象，以及僵化的處理模式。我們生理及心理上自覺像個孩子，某種程度上處於暫時的「兒童模式」，隱藏的大象於是從不良的基模發展出來。然而並非所有根本需求受損都自然而然地留下傷疤：有時新的正向經驗能修正不佳的自我保護程式，例如雙親認知自己沒有看出孩子的需求狀態，並且對孩子受的傷表達理解。

情緒激動的當下，當然並不容易——

- 意識到自己的受傷點何在，我們以何種方式嘗試自我防衛。
- 注意到我們的自我及外界形象以不好的方式改變。
- 還記著受傷點在過去生命階段裡的根源。

我們被眼前的情緒狀態過度綁縛，不想直接面對我們的感受，思緒受到各種所謂實際限制或必須完成的任務牽制，讓我們難以專注地和自己及他人相處。範例故事及其後續討論的大象，以及第三及第四章的指南，將會一步步帶領讀者打開通往內心過程的途徑。大象的各別部分也可以當作正面改變的出發點，目的在於以我們對大象的認識，辨識出在棘手情況下，我們真的需要做的是什麼。有時值得停下來，回頭感受我們的根本需求。意識到在棘手情況下何者對我們有益，就能進一步評估舊有的保護程式，檢查是否有較好的途徑以重建我們的內心平衡。當我們學會公開我們的需求，他人就有機會更了解我們。與其退縮或指責羞辱他人，我們展現敏感的一面，這時我們注意自己，學習以同理心處理其他人的受傷點。我們在後續篇章還會回頭討論這一點。

附帶說明，理解我們的大象就像戀愛的人戴著粉紅眼鏡，理想化地看著愛戀的對象。每個人都知道有色眼鏡相當影響認知、思考、感覺及行為。和出於細故的壓力相反，戀愛有色眼鏡的後果相當令人愉快——先決條件是愛戀得到回應。在這種情況下，以「粉紅眼鏡」來說明，我們的處理及行為模式不僅受經驗引導，還受到荷爾蒙影響。

下面的圖示呈現大象各部位概覽：

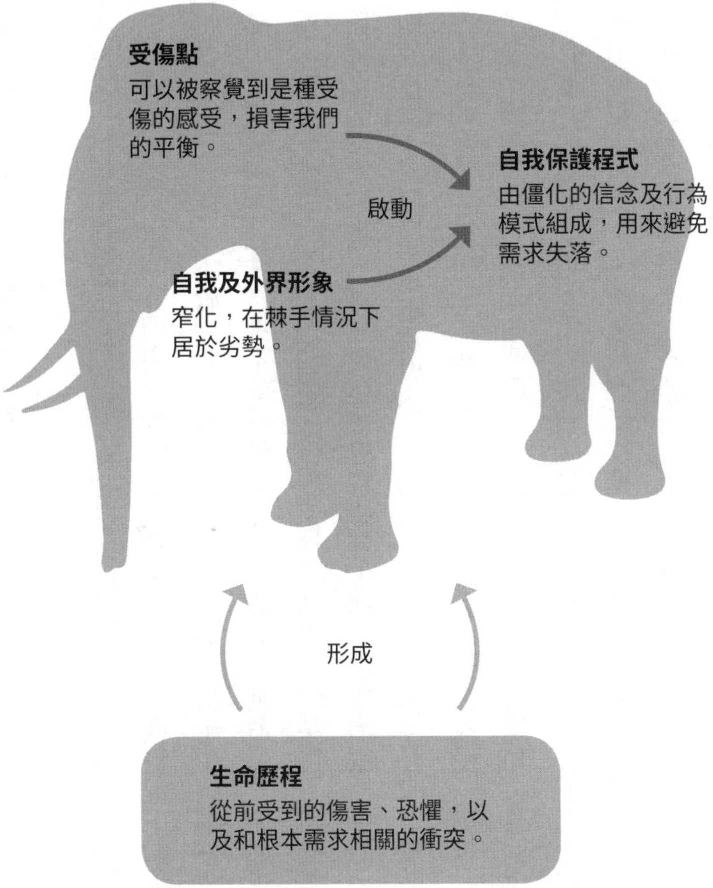
受傷點
可以被察覺到是種受傷的感受，損害我們的平衡。
啟動
自我保護程式
由僵化的信念及行為模式組成，用來避免需求失落。
自我及外界形象
窄化，在棘手情況下居於劣勢。
形成
生命歷程
從前受到的傷害、恐懼，以及和根本需求相關的衝突。

生活經驗及其留下的痕跡：七種典型大象

根本需求一再甚至持續未被滿足，就會造成影響深遠的匱乏。這種經驗在童年留下深刻影響，這時我們完全依賴主要關係人，在這種情況下的種種匱乏訊號都沒有得到回應，不管尖叫、抱怨、生氣或執拗，甚至生病都不會帶來任何益處。可惜我們在社會當中不斷看到這類惡夢般的兒童命運。心理學家傑佛瑞・楊（Jeffrey Young）和他的同仁以治療經驗列出一些基模，這些基模都可歸因於嚴重的需求不滿。這類命運會導致心靈生病，需要治療性協助。

但即使沒有受到極端忽略及虐待，人的需求未被滿足也會使心靈平衡失去穩定性。我們身為「健康」成年人有時也可能受到「過去感受」影響，這完全正常。要了解為何我們在某些情況下突然情緒低落，必須認知，某個事件讓我們想起什麼（有時想到根本需求沒被滿足），以及在發生的當下真正需要什麼（滿足這個根本需求）。然後我們可以進一步思考，要掌控情況有哪些更好的方式：我們如今有哪些經常未被認出的能力，可滿足被察覺的根本需求？

也許您在讀到被滿足的根本需求這一段時想著：「我的父母親滿足了我

的重要需求真好。」某些情況下則會想：「我需要父母親為我做這做那，我缺少這些，當時會對我有益。」為了更進一步了解這些想法，我接著要再次借用我們主角與此相關的根本需求，描述失落會留下哪些痕跡。其中涉及對穩定關係、重視、自主及公平的需求。根據我的經驗，這些是提起受傷點時最常被討論的需求。其他需求如果沒有被滿足，當然也會留下痕跡，缺乏生存安全感，或是隱私空間被侵犯的時候，也會觸發恐懼及保護措施，好比壓抑好奇心。

也許不是每隻列出的大象都與您相關，您或許從某些大象身上認出自己，有些卻覺得比較陌生。請您就選出那些您看起來熟悉，或是顯得和您相關的大象，請您也以這樣的方式理解其中相關性。請您專注在您個人覺得相關的大象上。

大象一：「我擔心失去庇護」（麗莎的大象）

麗莎是個想把所有事情都做好的人，隨時對身邊的人保持友善，不管在什麼地方都很隨和，很能對他人設身處地。每個人都可以對她訴說自己的困擾，她總能撥出時間給別人，大多時候她根本沒注意到旁人其實讓她厭煩，非常少察覺。她根本沒注意到深夜的鑽孔噪音，更別提她向鄰居抱怨。她丈夫對鄰居的憤怒，以及他說要向鄰居抱怨，加深了她的憂心。但是她也不敢阻止丈夫這麼做，她畢竟會因此承受風險，一再承受他對自己的怒氣，因為他覺得妻子太屈從。

麗莎和年長五歲的姊姊一起長大，她的母親二十歲結婚，從雙親家直接搬進年長十歲的丈夫家，沒有完成職業訓練，從結婚以後就一直操持家務。家庭以外的事務都交給丈夫負責，他是個建商。他握有話語權，不許任何人反駁。麗莎的姊姊感受到父親的強勢及嚴厲，隨著年齡增長越來越不願意服從，努力反抗父親定下的規矩。她顯然「不是同一塊木頭雕出來的」，小時候就頑固，青春期更是如此。不管是咆哮還是拳打腳踢，或是禁足好幾天，都無法摧折她的反抗精神。有時父親威脅她，要是她不受教，就把她丟到教養院。

關鍵點是麗莎十二歲那年的經歷，父親和十七歲的姊姊又再度激烈爭執。違反父親的明言禁足令，她又出門了，回來的時候，她在門廊就受到父親憤怒指責。她姊姊狂妄的回應「你根本沒有規定我不能出去！」換得父親甩了她一耳光。麗莎正好在大門口擦鞋子，根本無法如平時逃避這一幕。處在對父親的恐懼以及對姊姊的同情之間，她哭泣著緊抱父親。對她突發的絕望及無力感，父親顯然手足無措，無法用力推開她。她姊姊利用這一刻跑進房間，並將自己鎖在裡面。父親在她背後追加的斥責逐漸轉成對著麗莎結巴的解釋，說明自己為何絕不容忍這種反叛行為。稍晚，當激動消退，麗莎感到驕傲和心滿意足。稍微提一個令她印象深刻的事件：從她有記憶以來，她的心總是偏向那些不容易反抗強硬專斷的人，後來她在這方面也呈現出驚人的勇氣，並且不畏衝突，但涉及「自我」的時候就不管用。

她的大象很快就被描繪出來：循著她非常不獨立的母親的模式，以及姊姊反抗專制父親的驚人景象，她學到追求自主及劃定界線的根本需求會危及其他的、基本上比較基礎的需求，也就是對愛和庇護的需求。她的母親本身很害怕和父親爭吵，教會她不要做任何會挑起他怒氣的事情。必須要發展出對危險訊號的敏銳天線，對他人有同理心，還要有調適能力，這些就成了她的應對策略，此外加上表現出不獨立是好事的經驗，因為滿足了雙親對關愛和主導的需求。

麗莎的大象

蚊子

鄰居因為夜間不安寧而做出的不公平指責。

激動情緒

受到威脅的感受，帶著自發想法：「希望她相信不是我發出的噪音！」

大象

受傷點

鄰居勃發的怒氣、害怕拒絕以及失去庇護。

自我保護程式

僵化的信念：「我不可引發怒氣！」

「我受不了某人對我很兇，我會因此不被喜愛和認可。」

行為模式：對所有的人和藹可親就不會發生衝突。

自我形象：「我必須一直很乖巧、和善，否則我就不值得被愛。」

他者形象：「我要是反叛就會被處罰。」

生命經歷：缺乏穩定的關係，害怕勃發的怒氣，和自決及劃定界線相衝突。

■ 大象二：「我不受尊重」（史蒂凡的大象）

史蒂凡的憤怒不僅因為不安，不論車子有沒有擦傷。史蒂凡才有的不適當表達——可能會有「內在損傷」，正指出重點所在。其他汽車駕駛人處理他對新車的擔憂的方式讓他發怒；他覺得對方不尊重，這是對他個人的傷害。

史蒂凡排行中間，和哥哥及妹妹在平凡家庭長大。他覺得自己的童年很「普通」，也就是說他不記得任何重大事件。他覺得自己被父母所愛，即使有時處在兄、妹的陰影之下。他的父親是汽車廠的專業工作人員，他的母親操持家務，她為了孩子放棄辦公室職員的工作。他們一家人住在從祖父母繼承下來的小房子裡，他小時候，房子周圍還是寬闊的草原。隨著時間過去，空地被蓋滿了壯觀的房子，天然的遊戲場必須讓地給圍起來的花園以及柏油馬路。如史蒂凡所表達，房子前面停著「招搖的」汽車，玩足球的時候會妨礙到他們，當然，從來沒有任何一位車主會感到抱歉。相反地，鄰居們經常因為足球向父母抱怨，父母覺得非常尷尬，因為他們自覺屈居人下。不要吸引負面的注意力——出於身分差異，這句話變成他們最重要的座右銘。史蒂凡記得特別委屈的是他有一次受到雙親施壓，不得不向鄰居道歉，因為溼溼的足球再次掉到所謂「時髦車」的引擎蓋上——當然不是故意的！這被迫的卑微姿態傷害他的驕傲。他寧可釋放怒氣——如他的天性。史蒂凡枉然地等待，等雙親為他挺身而出，畢竟在這些「新富」奪走一切之前，這裡是他遊玩的街道。

史蒂凡又想到一件汽車往事：當年他還是十歲的孩子，他有一次到父親工作的地方找他。他父親剛好要試駕一部奢華轎車，史蒂凡可以一起搭乘。不僅這次試駕本身，如他所說，而是一些行人對他投以羨慕的眼光，讓他難以忘懷地興奮。

在青春期，他普遍低下的自我價值感也因朋友圈四散而受損，因為和他不同，他的大部分朋友這時都升學。他的足球技巧不再受歡迎，畢竟他過去的朋友如今不是在騎馬就是在打網球。史蒂凡步上父親的職業後塵，他完成汽車技工的職業訓練，再進修升上技師，如今三十一歲，在一家高級汽車製造公司有個備受認可的職位。

車身上的想像刮痕及其他駕駛的冷淡反應，威脅到他「受人尊重」的根本需求。從其他人身上經歷到的高傲行為喚醒過去所受的屈辱，有如笨拙的年輕人，他覺得被輕視，他和他的六汽缸汽車毫不受尊重。就連借用警察的威權

史蒂凡的大象

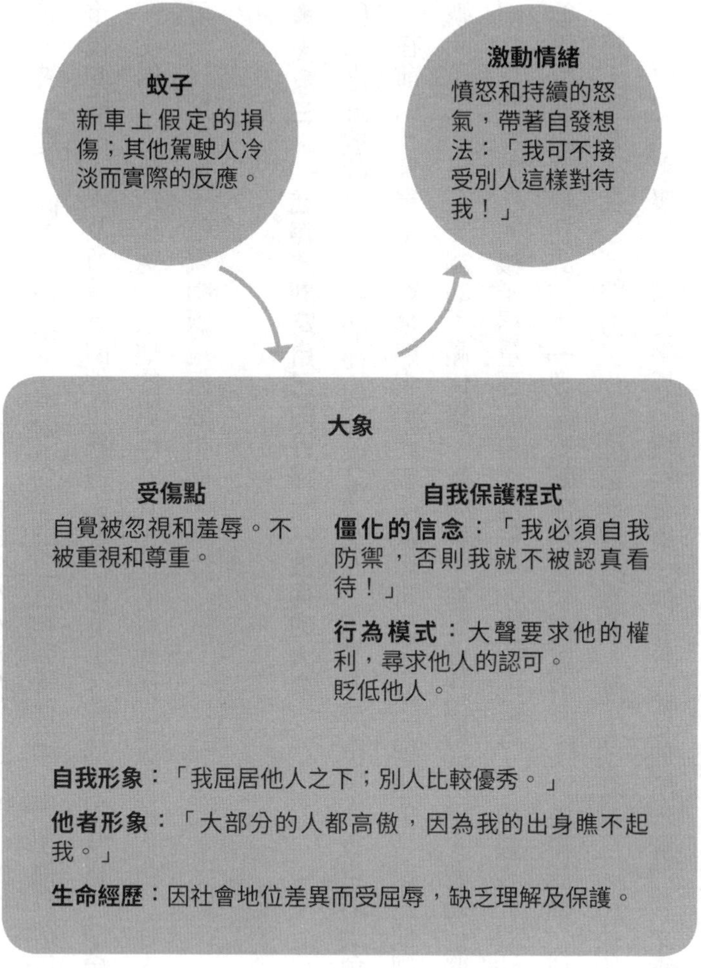
蚊子
新車上假定的損傷；其他駕駛人冷淡而實際的反應。
激動情緒
憤怒和持續的怒氣，帶著自發想法：「我可不接受別人這樣對待我！」
大象
受傷點
自覺被忽視和羞辱。不被重視和尊重。
自我保護程式
僵化的信念：「我必須自我防禦，否則我就不被認真看待！」
行為模式：大聲要求他的權利，尋求他人的認可。
貶低他人。
自我形象：「我屈居他人之下；別人比較優秀。」
他者形象：「大部分的人都高傲，因為我的出身瞧不起我。」
生命經歷：因社會地位差異而受屈辱，缺乏理解及保護。

也沒有效果——他們也不會來，就像他父親過去很少和他站在一起。

感覺被「從上向下」對待，這對史蒂凡而言是個受傷點，即使他目前位居受重視的職位，以及所擁有的地位象徵（好比他又大又新的車以及自己的房子），受傷點都無法痊癒。以他的處理方式，他的自我價值感依舊取決於他人的認可，一旦失落，他就相應地怒氣相向。

■大象三：「我無法劃定自己的界線」（彼得的大象）

因四處亂放的襪子導致的伴侶衝突爆發力，乃是源於兩個人各自的大象相遇。在前面一章當中，安娜的大象比較明顯，可能造成一種印象，以為他們的婚姻問題主要出在安娜的不滿情緒。她如果不要一直找彼得的碴，認知他腦子裡經常有比沒整理的襪子更重要的事，那麼一切就沒問題了。這類表面看法符合彼得對問題的最初評估：「要是安娜能停止牢騷就好了！」彼得認為，要是他一整天都必須在公司努力工作，那麼他就有權利在晚上放鬆自己（和他的襪子），他已經累壞了，需要平靜。這樣看來，他要求滿足他所理解的根本需求。妻子的指責卻讓他不得安寧。他完全知道安娜為了移居到慕尼黑放棄許多東西，她懷念工作，空蕩蕩的嬰兒房一直讓她想到沒有實現的育兒期盼。相愛時光也有些褪色，他不是個細心的伴侶，為親密共處付出太少時間和精力。他自覺該對這種情況負起共同責任。但是談論這些問題，一起找出解決之道，為什麼讓他覺得那麼難？他為什麼帶著罪惡感躲在報紙後面？

為了進一步理解，我們再度看看他的生命經歷。

彼得是家裡的獨子，他父親是火車駕駛員，因此不常在家，孩子的教養都留給妻子去做，她直到彼得出生前不久一直都從事護理師的工作，這時把自己完全奉獻給兒子。她隨時都在兒子身邊，兒子是她生活的中心，是唯一也是一切。他喜歡想起童年的慶生會，他可以邀請許多朋友，母親總會想出很棒的遊戲。那時他是王子，總是關注焦點。從今日觀點來看，彼得深信，他的母親最樂得讓他永遠是個孩子。尊重他的頑固和依賴不是她的強項，她並不容易給他自由空間。如果他沒有準時進家門，她立刻就會感到不安，然後像個「活生生的指責」一般迎接他。彼得經常縮進幻想世界，他記得被自己殘殺的血淋淋怪獸。他的兒童房——歸功於母親，總是整理得井井有條，直到青春期，他穿的衣服都是由母親為他挑選。他十五歲時發生了一件事：他母親自行幫他買了一件新褲子，可惜剪裁「完全過時」。他以激烈的手勢拒絕這件褲子，這件事對他敏感的母親就像經歷了「暴力前奏」。總之「你憑什麼這麼做！」是她多天委屈保持沉默前的最後一句話。直到彼得胃不舒服生病，她才又變回呵護的母親。即使他二十歲時搬出去住，好到遠地上大學，彼得總覺得於心有愧，因為他不想滿足母親的心願，選個附近的大學。

他和父親的關係則完全不同。父親幾乎不插手他的教養，但是對彼得感到驕傲——起初對他在學校的成績，之後對他上大學和職業生涯。彼得愛父親勝過母親，或許因為父親不常在家。有時他覺得母親嫉妒父親。彼得記得，和父親在他的業餘工坊裡弄東弄西的時候，母親經常警告他先做完學校作業。

整體而言，想到童年和少年時期他無憂無慮，而且心懷感激，也對母親的過度關懷「充滿理解」：「母親就是這樣！」畢竟「他有所成就」，並且可以對他的生活感到滿足。

但依舊有根刺讓受傷點無法痊癒。彼得對自定界線和自主的根本需求不

彼得的大象

蚊子
安娜惱怒的整理要求。

激動情緒
憤怒帶著自發想法：「現在她又開始嘮叨了！我受不了！」

大象

受傷點
新舊愧疚感交織。缺乏理解，不能劃定自己的界線。

自我保護程式
僵化的信念：「如果我劃出自己的界線，我就失去寵愛！」「我對妻子的不滿有責任！」

行為模式：強調自己筋疲力竭，退縮，避免衝突及明白表達。

自我形象：「一旦我說出自己的需求，我就不受歡迎。」

他者形象：「其他人認為我應該為他們的不滿情緒負責，想主宰我。」

生命經歷：因為母親的占有欲而忽視自主性，和自定界線的需求有所衝突。

斷和母親占有性的愛相互摩擦，他無法忍受母親煩惱或不快樂，無意識地，他把永遠當個「可愛的兒子」視為自己的使命。相應地，他學會壓抑攻擊性衝動，在衝突情況下寧可退縮，以作為應對策略——代價是隱伏的愧疚感，以及不願承認的怨懟。

我們從中不難判斷出彼得藏在蚊子裡的大象：妻子可理解的不滿一方面警示他對伴侶相處的想像，想像應在雙方利益衝突中找出妥協之道。另一方面，安娜出於細故的指責擾動他過去的愧疚感，以及被壓抑的攻擊性。在最初的伴侶諮商中，有一次發生激烈的辯論，他充滿責備地總結：「妳常常像我媽一樣！」後來他思及已經清晰可見的大象坦承：「我常覺得自己就像個孩子！」

■大象四：「我不受重視和尊重」（安娜的大象）

渴望擁有自己的家庭，以及建立充滿愛及穩定的關係，安娜因此作出許多犧牲，光是這些就足以說明她的不滿。在科隆當個單身女郎，她能滿足對獨立及職業認可的重要根本需求，但是同樣以持續符合他人期待為代價，也就是達到公司的要求，沒有太多時間保留給嗜好或其他閒暇興趣。因為工作負擔，和朋友圈的接觸也受影響。

安娜是第二個孩子，和年長兩歲的哥哥以及一個妹妹一起長大。對父母而言，他們都是期待下誕生的孩子。最小的孩子誕生三年後，母親重新回到半天的秘書工作，父親在電氣業界經營一家他自己創建的小公司。孩子們早上去幼稚園，過幾年則是上小學。安娜在鄰居家裡度過許多時間，那裡對她的要求不像家裡那麼嚴格。記憶裡，她的童年早期是相當快樂的時光，但當時她就時常必須照看小妹。五歲大的時候，她的雙親決定蓋房子。因為資金不充裕，她的父親只要公司經營許可，就會在工地幫忙。她的母親也比較常加班。持續的工作超載，家裡的氣氛變得索然無趣，雙親要求孩子們（特別是女孩）多做家事，他們則每天工作到疲憊不堪。只有履行義務才算一回事，共同的遊戲之夜或郊遊都被遺忘。假期只在家裡度過，或是把孩子送到休閒營。安娜獨自面對個人問題，她的雙親也不是相親相愛的伴侶相處楷模。

安娜還記得，她在上小學的年齡，寫完功課就必須清理廚房，徹底清潔，直到所有廚具閃閃發亮，腦子裡期盼母親回家後會稱讚她。然後她就經歷少有的友善微笑時刻，或是一句讚許的話。偶爾父親在家也是要求一個人靜靜，不然就是在罵工人。屋子建好之後，生活喜悅也沒有回到新房子裡。母親依舊加班，父親擴大經營，他的說法是為了付清房子費用。在一次診療中，她又浮現一個想法，她十歲生日的時候腦子就曾冒出這個想法：根據她的記憶，在唱《快樂和祝福》這首歌的時候，他們家最後都會唱：「還有健康和富裕。」但是鄰居家唱到這個地方，為何歌詞卻是「還有健康和喜悅」？只是一個可能劃開世界的小差異嗎？

審視安娜的大象會發現，她在家中特別缺乏家人的尊重、重視和同理心。只有她在家裡盡力幫忙（她的應對策略），才會獲得尊重和重視。履行義務這個最高教條阻礙其他根本需求的發展，例如好奇心及自主。隨著年齡增長，以及在原生家庭外和許多同齡者自由接觸，她才找到試驗場域。在自己家裡獲得的庇護只有她遵守雙親規範時才有保障。

安娜的大象因此包含根本需求失落的過時填補應對策略。舊規則「如果我好好做家事，我就能獲得認可，以及獲得家庭給我的庇護」——不再有用，對她本身也不再適當。在緊密關係中的自主行為，這對安娜是新領域，附帶的預設風險是損害這段關係。她最好朋友的勸告「妳就去找個比較能滿足妳的工作，讓妳先生自己洗襪子」──就相去無幾。但這真的是她所尋求的嗎？這只會是解決之道的一部分，她畢竟渴望單身生活結束後和她丈夫一起的共同親愛生活。

描繪一下，離開過去童年之後，她的生命教育道路上豎起許多告示牌，告訴她該做及不該做什麼。重視自發的衝動、感受及需求，原本可能是發展自主自我的指示牌被禁止，她迷失了前進的道路。離家之後，她雖然踏上自己的道路，卻又強迫自己套進履行義務和作出貢獻的規範裡，這回是為了職業生涯，以及財務獨立。在她對彼得的愛當中，她起初體驗到自己被當作真正的那個她，而不必作出某些貢獻。就像在童話當中，她想像自己被吻醒，就在某天清晨，那天一切都不同了。給彼此時間，一起踏上發現之旅，可以示弱，能有所依靠，體驗成為父母的幸福，這些是對她的愛的報酬。在慕尼黑，這些假想的禮物在灰暗的時刻變成欺騙包。和彼得發生衝突的時候，她相應地感覺到深深的失望，以及無助感，因為過去的應對策略，好比履行義務以及壓抑自己的感受，再也不起作用。此外她找到的男性對象跟她母親一樣，遇到重擔就以退縮作反應。

彼得與安娜雙方都致力於滿足重要需求，卻無法一下子就說明。

彼得有個好工作，想因此也獲得妻子的讚許，尤其他這時為富足生活帶來大部分所需金錢。按照他的評估，他沒剩下多少精力可協助家務，但他特別對排除安娜的不滿感到無助。他察覺到，這不只和四處散放的襪子有關，但是他閃躲正面對質。就像在童年，他有愧疚感，因為他無法符合他人的期望。他壓抑的怒氣同樣針對自己，因為他無法擺脫過去的愧疚感，也針對引發他愧疚感的妻子。正如我們輕易可看出，他嘗試一個毫無用處的解決方式，依照一句老話：「我（經濟上）照顧妳，妳（做家務）照顧我。」

從安娜這方面來看，彼得的襪子最初引發她對伴侶的怒氣。他不尊重她的整潔需求，不認可她為整理一個舒適的家付出多少努力。她童年的應對模式同時也不再適合她身為成年女性的自我理解。為了母親以及丈夫的一個微笑，清潔一切直到閃閃發亮，難道這該是她如今最大的快樂?!這個對等性早已不再，畢竟它映照出孩子氣的依賴，她認為可以藉著獨立生活加以克服。因此她

安娜的大象

蚊子

看到彼得散放四處的襪子和報紙。

激動情緒

怒氣伴隨著自發想法「我老是要跟在他身後收拾，我又不是他的女傭！」

大象

受傷點

擔心衝突，對生活情況不滿。憤怒與失望的情感混合。不被重視和缺乏自主。

自我保護程式

僵化的信念：「我必須將我個人期望放在第二位！」「履行義務的人就獲得庇護和尊重。」

行為模式：努力維持完美家務，吞下普遍不滿情緒，嘮叨著「小事」。

自我形象：「我自己並不重要。」

他者形象：「每個人只履行自己的義務，大家總是疲累不堪，沒時間給對方。我自己的需求將會使他人超過負荷。」

生命經歷：缺乏關愛，與好奇、自主、自劃界線相違背。

的怒氣也針對自己，因為她覺得無助，不知道自主生活該是什麼樣子，除了單方面以作出貢獻和履行義務為指引之外。在雙親家裡，既沒有人示範，也沒人理解，她怎麼察覺自己的需求並加以表達，面對他人的期待定出自己的界線，卻依然獲得關愛及庇護。

因為這些背後的經歷，四處亂放的襪子因此不只是小事，它畢竟喚醒她過去的感受連同無用的保護程式，這些程式又傷害了他人的根本需求。整體像翹翹板一樣彼此施壓，因為雙方各自的自我保護程式正在衝撞路線上。彼此理解變得越來越困難。根本需求沒有被辨識出來，因此也不是對話主題。

■大象五：「我不是其中一分子」（塞巴斯提安的大象）

您還記得他的故事：為了食物儲備進行的短暫電話交談之後，塞巴斯提安稍微有些失望的感受，和朋友共度假期的喜悅瞬間消失。他覺得疲勞，對這通電話的反應是心情不好。他最初自動出現的想法是：「要是他們只為自己採買，他們就不需要我們，根本不想要我們或是至少不想要我一起去。」然後，他不是那麼樂意這麼想：「反正他們都是我太太的朋友，我只是陪客。」他同仁一點都不被當作干擾的來電救了他，他想出正確的解決方式。他的自發想法是：「少了我，他們就卡住了。」這通電話給他被需要的確實感：「我重回辦公室的時候，他們感到高興。」在治療時間裡，塞巴斯提安意識到他經常有（並且習慣）這樣的想法。他對兩通電話的反應符合他僵化的信念：「只有我被需要，我才確定自己是其中一分子。」他追求歸屬感的根本需求的受損風險掌控則按照「唯有我作出特別貢獻，才會被需要，那麼我就竭盡全力！」的原則。這個複雜的反應模式可歸因於治療談話時出現的下列自我形象：「如果我沒有貢獻，身為個人的我就沒什麼價值。」

我們因此描繪出大象的輪廓。塞巴斯提安的自我形象並不總是負面，他相當清楚自己的各種長處，很少出現這類自我懷疑。他對自己的貢獻感到驕傲，然而也有個不好的模式，偶爾被啟動，我們現在應該找出它如何形成。他對童年和青少年時期的敘述提供我們適當的拼圖片。

塞巴斯提安的雙親擁有一家細木工廠，在他的記憶裡總是有許多工作，從孩童時期開始，他就必須和三個弟妹盡力協助（例如掃工廠）。雙親非常封閉，彼此的關係也很有距離。他們不談論個人的事，依他猜測，母親寧可過白領階級的生活。她或許出於生活困頓，或者因為戰後時期需要安定生活，於是嫁進一家經營良好的手工藝企業。塞巴斯提安在雙親期待下誕生，在生命最初兩年備受慈愛父母的關注。隨著小他三歲弟弟的誕生，以及接連很快誕生的其他兩個手足，他相當措手不及地「跌落王位」，一時之間，他以強烈的嫉妒回應。他的雙親不太諒解，「你大很多歲，應該要理性一點！」這是他們最常作出的指示——出於好意，但是讓他失望，因此也沒有太大幫助。

在這最初的危機之後，他的自信增長，因為他能感覺到自己是父母的重要支柱，這當然也意味著，他身為長子經常必須照看弟妹，幾乎沒有時間遊玩，當地既沒有幼稚園，也沒有和他同齡的孩子。母親很重視學校教育，她過去都沒有機會上學。小學之後，所有的兄弟姊妹都到距離十公里遠的城裡上高中。學校成績好，塞巴斯提安達成母親的期望；相反地，他父親對他的成就不感興趣，他畢竟看著自己的希望落空，他原本期待長子會接手經營。他的弟弟手工靈巧比較符合父親的偏好。經歷父親讚美弟弟，教他手工技巧，塞巴斯提安覺得不是滋味，「我不是他喜歡的樣子。」他在這個還無法以言語表達的困境之中該怎麼做？他這時已經發展出一個應對策略：「我幫忙家事和工廠的事，那麼我就被需要，我就是其中一分子。」

他在學校變成邊緣人有幾個原因。他不像其他孩子在幼稚園就已經學會如何交朋友，在同年齡的團體裡掙得自己的位子。因為他下課後就必須立刻騎車回家，無法參與和其他人約好一起玩，想著惡作劇，去游泳，還是在冰淇淋店裡交換新鮮事。家裡需要他。同學在課堂上有什麼不懂的地方，他身為班上功課最好的人，幫助他們進步的時候，他對同學是有用的人，他在這些時刻被需要並且受歡迎。他在這方面也運用上述的應對策略。但是這麼做也引起一些同學討厭他，不放棄排擠他的機會。他在治療期間想到一件往事，至今仍讓他充滿羞辱和怒氣。上課的時候，坐在他後面的同學大叫：「快看，塞巴斯提安有顆木頭腦袋！」像是出於無稽的檢測反射，或者出於困窘，塞巴斯提安用手摸頭，一些刨木屑無聲地落在他的桌上，但在他內心卻像巨石轟隆滾落。所有的同學都吃吃地笑。就連那個讓他讚嘆的少年也跟著笑，他曾徒勞地想和對方做朋友。塞巴斯提安一個字都說不出來。他應該解釋，他早上打掃了父親的工廠嗎？解釋說他在家裡也特別勤勞，才不會落在弟弟後面？他好幾天都木訥不語。直到有個同學的數學不及格，請求他的協助，他才找回內心平衡。

塞巴斯提安後來的生活沒有特別之處，他的勤奮和天賦讓他高中畢業上大學，之後在職場成功向上晉升。和一個女同事結婚將他從一再出現的孤獨感拯救出來。即使如此還是有個受傷點：一旦他處在讓他自問是否受歡迎的人際情況，如果無法肯定稱是，他就啟動他的舊模式。

前文提及的故事讓我們不難看出塞巴斯提安的模式：他覺得自己被需要，他就感覺良好，一旦懷疑，大象就來報到。當他有不確定感，他寧可退縮，好讓情況保持在他控制之下。治療之前，他並未意識到其間的關聯。他的（依照僵化信念是合理的）行為讓他陷入麻煩，因為他作出奉獻的意願越來越超過他的負載，讓他筋疲力竭。他的社交退縮雖然避免侮辱，短時間控制局面，但必須以他的孤單為代價。這麼看來，他解決問題的嘗試正好讓他深陷惡性循環。展開治療之前兩年，他首度面臨嚴重危機：公司結構重組時，他當時一直領導的部門被解散，他被分配到新職位，有新的任務，他起初並不熟悉這項業務。雖然他無比勤奮，快速彌補初期的能力不足，卻沒有準備好面對新組織裡爆發的權力及職權鬥爭。對人性失望，以及欠缺認可，他越來越常出現壓抑的反應。出於這個因素，他開始接受心理治療。

塞巴斯提安的大象

蚊子
朋友聽起來簡短而不友善的回答。

激動情緒
突然感覺失望及不安，帶著自發想法：「他們不需要我。」

大象

受傷點
害怕被拒絕，失去穩定關係。

自我保護程式
僵化的信念：「我不受歡迎，我要有所貢獻才被需要。」

行為模式：出於害怕失望而退縮。

自我形象：「像我這樣並不足夠。」

他者形象：「人們需要我的時候才對我友善。」

生命經歷：缺少歸屬感，以及不夠理解。

塞巴斯提安的生命故事並不特別具戲劇性。在生命前三年，他有幸得以滿足他對愛及庇護的根本需求。直到兄弟出生，他才屈居人後，學校的情況加深他缺少歸屬的感受。塞巴斯提安對穩定關係的根本需求，特別是歸屬感、感同身受的理解，以及重視及尊重不再被充分滿足。他的自尊受傷，負面的自我形象於是形成。他嘗試藉由特別貢獻來彌補，他一旦覺得自己不被需要，他就不和他人接觸：社交退縮於是變成另一個應對策略。這個保護程式在過去和現在都短期有效，長期看來卻阻斷並妨礙他獲得變通的應對可行性，好比以社交技巧的形式。碰觸到受傷點（不確定自己是否受歡迎），他就經歷情緒低潮，他在接受治療前並無法加以解釋。承受壓力時所運用的過時處理模式，窄化塞巴斯提安的思考及行為空間。

塞巴斯提安能從這認知獲得什麼益處？最初他經驗到，自己的感受對他和周圍的人如果顯得不恰當，那麼就值得自己認真對待，於是他就朝自我尊重邁出一大步。認知他的大象幫助他更進一步理解，何以他經常陷入負面狀態。他學到出現不舒服的感受時停下腳步，以尊重其意義。如今他也明白，當他在假期裡心情不好時，是在害怕什麼。他現在知道，他經常覺得欠缺的是什麼，真正需要的是什麼。塞巴斯提安如何將這一切在自己的行為當中實踐，請您詳閱第五章。

以上是我們前文敘述的故事。從可想像的大象當中，接下來我還想舉出兩個例子。除了上述例子，以下例子也是我特別常遇到。

■大象六：「我總是要讓步」（席碧樂、保羅和安內特的大象）

經常感覺有所欠缺，這是許多人熟悉的感受。其中可能隱藏不同的受傷點：不被重視，所得到的尊重不足，被輕視，受到差別待遇，不公平對待……同樣情況對每個人的關聯性可能不同。

我們首先再次觀察日常細故，接著探討生命經歷的意義：

1. 席碧樂在超市裡排隊等著結帳。因為人很多，於是又開了一個收銀台，她拿著購物籃，稍遲疑後想走過去，這時她碰上另一個顧客，對方才剛到，連一秒鐘的隊都沒排。她壓低聲音斥責對方：「請您像其他人一樣排到後面！」對方覺得自己撿到便宜是運氣好，於是自我捍衛，「可惜您運氣不好，排錯隊伍……」席碧樂覺得對方的回答實在無恥，她自己絕不會說出這種話。她幾乎怒氣勃發——卻保持沉默，因為她無話可說。「這些人就是肆無忌憚，下回我可沒這麼容易接受。我會當著所有人的面揭穿這些人的惡霸面目。完全不顧慮別人……」這些想法占據她的腦子半小時，晚上睡前還再次摧殘地浮現腦海——一如往常帶著內心評論：「下次妳還不是縮頭縮腦！」

2. 保羅在餐廳找了位子坐下，服務生不斷快步來回顯得忙壞了，他估計得等上一會兒，最後他還是不耐煩，伸出手臂揮動卻得不到回應。隔壁桌這時有一群人坐下來，服務生立刻急步上前，將菜單分給客人，沒有一秒停留又走開了。保羅沮喪地垂下手臂。服務生立刻到鄰桌接受點單的時候，保羅跳了起來，衝著他鼻子叫嚣：「您的眼睛放哪去了？我已經等了十分鐘！」接著思索著說：「您對我有什麼意見，老是略過我？」

3. 安內特結婚五年了，她有個半天的工作，丈夫全職。這一對有兩個孩子上小學。她丈夫有次例外地必須在星期六進辦公室。他這一週工作沉重，前一天晚上就嘆息著表達出來。早上道別的時候他想到，他無法像平常一樣去做週末採買。因此他向妻子提出請求：「妳也許可以張羅些食物？我今天沒辦法去採購。」她想著：「還有這事，目前他就已經老是待在辦公室，然後還要我去買菜！」她說：「我該採買什麼？」丈夫：「隨便，沒那麼重要，就買妳想煮的。」她以明顯激動的聲音說：「你為什麼認為我就該煮飯？」她的丈夫已經半跨出門，這時口氣帶著惱怒地說：「妳沒看到我趕時間嗎？我現在沒時間討論這個！」安內特生氣。採買和煮飯對她其實不是問題，讓她生氣的是那個想法：「對他而言，職業任務總是排第一順位，對家庭的責任好像理所當然就變成我的事。這不是公平的分配！」之後好幾個鐘頭，她一直都心情惡劣。

在上述三個情況中，三個當事人都覺得受到差別待遇，被不公平對待。如果沒有過去的基模作祟，他們可能用一個念頭帶過：「我以後可不接受這種對待！」或是「我的謙讓並不被珍惜，下次我會早點讓自己被注意到！」，或者「多傻，好像我今天還沒生夠氣似的！」。席碧樂、保羅和安內特並非如此反應，令人憤怒的事件衝擊不穩定的內心平衡：「我總是必須退讓！其他人輕易就拿到他們要的！」經常覺得居於劣勢的人，類似想法浮現他們的腦海，自然而然，一而再，再而三。

因此我們有理由推測其中有隻大象。為了進一步勾勒這隻大象，我們看看這三個人重要的人生過往經歷。

其實席碧樂可以輕易挺進：她身材苗條，拿的又是小菜籃，大可快速地擠進小縫隙——就像大膽的孩子常做的。可能還以友善致歉緩和氣氛，表示她實在很急——前提是她准許自己這麼做。席碧樂的雙親被迫離家流落他鄉，在小村落裡盡一切力量不讓自己討人厭地惹眼。他們是席碧樂的生活典範，保持謙遜，絕對避免自私自利。挺身而出，考慮自己的權益，盡速利用任何出現的機會，她因此都不熟悉，因為這些違反了嚴格的規則標準：「要謙遜、為他人設想，寧可放棄，不要自私！」她雙親安慰的話語——施比受更有福，也被她內化，不曾為自己加以檢視。這些在她童年就已經獲得的「美德」當然比較是因應困境而生：她還小的時候就瘦弱而且害羞，從來不會跟著一擁而上，好比在幼稚園要拿玩具的時候。在玩大風吹的時候，她總是第一個出局，偏向反射性地讓出位子，而不是開心地和別人撞成一團。上學以後她很少舉手回答，雖然她通常比同學更快知道問題的答案，就為了不要把自己推到中心。

正如保羅的故事，對重視和公平對待的根本需求沒有被滿足。她在退讓時，並不敢表達她有時感覺到的怨懟，她要是這麼做，就會遭到雙親的指責，並且對她所受教養的價值系統劃上問號。

她的自我形象受到這個價值系統的影響，只有她把自己的需求置之度外，她才是個有價值的人，連結著一絲道德優越感的安慰，超越一般的自私主義者。所以在童年，鄰居的孩子為了某些東西爭吵時，他們在她眼中就顯得粗魯沒教養。忽略自己矛盾情緒和需求的劣勢，變成普遍有效的命令句：「不要把自己看得那麼重要！」

對席碧樂而言，在收銀隊伍裡發生的事不僅為了獲取時間，也因為插隊的顧客讓她對退讓的嚴格規則產生質疑。她不能放縱也占一次便宜的衝動，遭遇他人的「無恥」，她不知如何是好，也缺乏道德許可。

「我有什麼問題，讓我老是承受差別待遇？」保羅帶著苦澀的感受自問。有個內心的聲音本該可以告訴他，比起獨自一人的顧客，一群人比較容易被忙碌的服務生注意到，卻被過往的回音立即壓抑。他趨向自覺比不上他人重要，要是有人出現在畫面上，他就向後退。

保羅是他單親媽媽唯一的孩子，母親懷他的時候，他的父親就已經離開他母親。據說母親要是同意墮胎，對方就會留在她身邊。可說他父親在他出生前就已撒手不管，因為他父親無法或不想支付生活費，他母親必須獨力撫養他。她租了一個小小的店面，後面有居住空間，在店面幫人修改衣服。她對孩子充滿慈愛，保羅需要她的時候，她也比較常放下手邊的工作。

當然，有顧客上門的時候，她會中斷一切，讓保羅獨自待著一段時間，對身為孩子的他，這段等待時間顯得無限漫長。直到今日，他依然覺得門口的鈴聲是難聽的噪音。他記得，他有時還必須呼喊母親，她緊張的「現在不行！」卻讓他立即噤聲。沉悶的等待，或是退縮到他的遊戲世界，這是他對這些忽視的回應。等母親終於回來，他經常也不想再理她——今日看來他可說，他就是感到失望和屈辱。在青少年時期，他有自己的朋友圈，但自覺比較像邊緣人。他要是沒受邀去做些什麼、參加慶典等等，就會一直非常敏感。畢竟他的形象因此被認證：「我對其他人並不那麼重要。」

過去必須退居次位的感受留下痕跡。讓自己被注意，這是起初的應對策略，但缺乏共鳴之下，他很快就放棄了。後來他養成帶糖去學校分給同學的習慣——好似除了在場之外，他還必須做些特別的事。

安內特和小兩歲的弟弟一起長大，弟弟總是病懨懨的，需要母親特別注意和照顧。可想而知，她居於劣勢。發聲抗議不被允許，被雙親以道德責難加以禁止，好比：「妳該滿足了，妳本來就比弟弟好過多了！」當她才六歲的時候，她還是爆發出來：「那個蠢傢伙又生病了？」於是她被處罰禁足三天，更糟糕的是雙親在這段期間沒和她說一個字。在她眼裡，雙親不敢交付太多責任的弟弟被過度呵護，所有費力的家事必須由她及母親完成。她經常向父親抱怨，父親通常很晚又疲累才回到家，於是她只獲得安撫的回答，好比：「我們每個人都要盡自己最大的努力，妳畢竟有足夠的理性，足以理解這些。相信我，我的工作可也不輕鬆！」

安內特要求公平和平等對待，以及要求重視的根本需求顯然受損。要是她反抗，就會損及一個更基本的需求，也就是被雙親所愛並且珍惜。在這個困境當中她學會行為理性並且體貼，把自己的願望放在第二位。這是她的應對策略，其中包含著一個信念：「其他人比較重要，我必須一直收回我的需求！」

從孩提時期起，這個規則是她對世界想像的一部分，從不曾加以思考，變成未曾檢視且僵化的信念。在婚姻當中，她早就未曾注意到這個模式，卻經常感覺到一再生起的怒氣，有些什麼打壞平衡。面對她通常有些過度負荷的丈夫，她必須退讓，尤其他深信他的職業要求基本上必定擁有優先權。就像過去是她的父親，她的丈夫也有看起來合理的理由。

出於不同因素，席碧樂、保羅和安內特都體驗到他們內在的給予—付出天秤並不平衡，對他們而言，著名的半杯水看起來永遠是少了一半，因為帶著根本的不公平，手邊現有的並不算數。縱使想要填滿另一半，他們的自我形象和僵化的、超高道德標準也不允許。傾向將原本無傷大雅的沮喪經歷成個人退縮，使不公平的感受不斷被餵養。他們不曾學到自我防禦，防禦違反他們的道德教條。如此一來，怒氣堵在心裡，在心靈深處造成壓力，就像火山一直有爆發的危險。有時真的爆發出來，經常只要一件小事就足以引發。

席碧樂的大象足以呈現這種情況：

席碧樂的大象

蚊子

另一個顧客擠上前，顯然對自己占的便宜沾沾自喜。

激動情緒

怒氣膨脹，上升成憤怒，帶著自發想法：「我老是被擠到一邊。」

大象

受傷點

自己的憤怒和退讓的教條相衝突。擔心引起側目。追求公平和尊重的根本需求受損。

自我保護程式

僵化的信念：「我不可挺身向前！」
「我不可以討厭地惹人注意！」
「畢竟謙遜為美！」

行為模式：避免發生衝突，只在想像中體驗到的怒氣要吞下去。

自我形象：「我是謙遜而且為人設想的人，從不曾自私。」

他者形象：「大部分的人都自私。」

生命經歷：不被允許看重自己，嚴格的教條，要把自己的需求放在第二位，和自決及劃定個人界線的需求相衝突。

■大象七：「沒人幫我」（馬庫斯的大象）

馬庫斯是個獨來獨往的人。他過去是房屋管理員，現在身為退休人士，一個人住在小公寓裡。他很少和住在隔壁的姊妹接觸，他唯一的朋友就是他的狗。每個星期天早上他會去逛跳蚤市場。他有些鬱鬱不樂，因為他不認識任何人，沒有機會和人稍微聊個天。他又獨自在家的時候，他決定煮麵。這時他發現家裡沒鹽了，他想著，他的姊妹或許會幫他一個忙。但她總是不太友善，幾乎不理會他。他內心湧上不悅的情緒，「我就偏偏該拜託她幫忙？我要是上門按鈴，她一定覺得被打擾。她一定心不甘情不願地給我鹽。」接著他心裡又發起牢騷，「我根本不需要她！她就和大部分的人一樣自私。」激動的怒氣生起，他想起其他往事，證實他的姊妹有多不願助人。他在這個激動的狀態下沒察覺的是一絲孤單。

馬庫斯是那種出於沮喪的經驗就作出結論的人，認為：「不需要別人比較好！」當然，沒有人帶著這樣的心態誕生。因為承受需求不滿足，這類句子作為應對策略而生。追求庇護、理解、信賴、親愛的關係等需求在他的生命裡都沒有完全被滿足。他還是兒童的時候，雙親常放他獨自一人，他擔心被遺棄，發生問題的時候沒有商量的對象。他開始把需要依靠的需求看作個人弱點，因為他太早被要求做到自我負責。為了滿足其實健康的自主需求，他卻缺乏安定關係作為基礎。他的獨立其實是從困境發展而來。不需要任何人的信念變成他全面的自我保護程式，請求某人的協助或喜愛，和擔心失望或被拒絕相關。可理解地，想避免擔憂使得環環相接，錯過了可能得到正面經驗以修正他對旁人負面印象的機會。他自顧自地生姊妹的氣，正好融入這個模式：他總是覺得姊妹對他不友善，證明從她那裡也不能有所期待——有足夠理由拒絕她！除此之外，生氣也有助於他的精神平衡，而非讓被離棄的可能痛楚升起。

馬庫斯的大象很常見。我們也可從保羅．瓦茲拉威克（Paul Watzlawick）的故事看到這隻大象，他的故事發展依循類似的模式（《不幸指南》一書中的〈鐵鎚的故事〉）。瓦茲拉威克在故事當中描述有個人原本想向鄰居借鐵鎚，因為他想掛一幅畫。他一邊想著鄰居，腦海出現各種負面的事情，結果他想像鄰居對他不友善，因此他決不會拜託對方。他想著想著越來越生氣，衝到鄰居家門口，按門鈴，對著他大吼：「你可以留著你的鐵鎚，你個惡棍！」從外界

馬庫斯的大象

蚊子
請求某人協助的必要性。

激動情緒
生起的怒氣帶著自發想法：「我的姊妹對我不友善，我向她借鹽一定會讓她厭煩。」

大象

受傷點
寂寞，擔心被拒絕。缺乏穩定關係。

自我保護程式
僵化的信念：「不需要任何人比較好。」

行為模式：自我照顧，生活與世隔絕。在心裡帶著攻擊性貶低其他人，以防禦失望。

自我形象：「我只能靠自己。」

他者形象：「每個人都以自己為優先。」

生命經歷：缺乏充滿慈愛、可靠的關係，以及庇護感。

看來，這是難以解釋的典型案例，也是典型的「自證預言」。他對自己製造的他者形象作出反應，沒有給鄰居任何修正他偏見的機會。以我們的M-E-A公式來看，這種行為卻可理解為潛在過去需求不滿之後的自我保護程式。

情緒就像天氣一樣，有穩定的高壓和低壓，但也有突發的天氣變化，遮住目光的濃霧，感覺舒適的溫暖，以及下雪的嚴寒。就像天氣，情緒變化經常不易事先預料。

理解其中關聯卻給予我們機會，不再那麼毫無防備地遭逢情緒低落。就像氣象學家，只要知道大氣影響就能預測天氣變化，我們的情緒起伏也能變得可以預測和理解，只要我們認知我們的受傷點和大象。

下面兩章著重您的根本需求，以及您的個人經驗和大象。首先尋找您個人根本需求的蹤跡，以及探索這些需求在您的生命當中被滿足到什麼程度，進一步說，在過去有多少被滿足。

第三章

尋找蛛絲馬跡：您知道自己的基本需求嗎？

要是和真正的需求分裂，一切都會變成戰鬥。

——心理學家／阿諾・古魯恩

對我們的主要人物而言，怎麼樣才算是愉快的一天？

- 麗莎的鄰居在昨晚的理論之後，第二天早上帶著一小束花出現在她門前，為了昨晚打擾她而道歉，強調她多高興有麗莎這樣親切的鄰居。
- 其他駕駛人會理解史蒂凡的激動情緒，特別對他嶄新時髦的汽車感興趣。
- 安娜的丈夫回家的時候解釋為何又晚回家，也許請她給自己一些喘息的時間，以便能放鬆，然後自動整理四處散放的東西。最後把安娜擁入懷裡，問她要不要告訴他，為什麼過去這段時間那麼緊繃。

● 彼得的妻子會在門口迎接他，好比說著：「又是漫長的一天，你一定又累又餓，先進來。晚點我想和你說說我在意的事情。」

● 塞巴斯提安會在電話中問候對方說：「你們馬上就到了真好，我們該等你們一起吃嗎？」

對這個人的心靈而言，這些話會是安慰的油膏，受傷點的療癒藥品。其中的訊息應是：你受到珍惜，你被重視，你被看見，你被理解，你受歡迎。也許您，親愛的讀者，有時也想要這樣的訊號。本章旨在協助您，讓您逐漸察覺到沒有完全被滿足的根本需求。

在前面幾章，您可能已經覺得，從某個角度來看說的就是您，下面的篇章完全只與您相關。或許不尋常，但是重要：不曾站上中心點的人，就損害了一個核心需求，亦即自我重視的需求。您或許感到奇怪，這並不符合您對自我的想法。尋找蹤跡讓您看到，您的需求恰當，您的感受並不過分，而是可以理解，但是要先知道其他背後因素。

因此我想鼓勵您作出某種生命期中結算：

我的生命感覺起來如何？什麼令我滿足，帶給我生活愉悅和幸福時刻？我在哪方面特別努力，對滿足重要需求有何成果？另一方面：我覺得哪方面有所欠缺，哪些情況失控，我從何得知我的平衡受到危害？

端視各個時刻的生活情況，這個內在平衡有非常不同的呈現。可能有些時候——

- 我們感激地意識到，我們整體上感覺生命滿足。
- 我們剛好在工作上被提拔，或是剛戀愛，經歷到暫時的美好總結。
- 在其中能致力於一些帶給我們快樂，或者賦予生命意義的事務或任務，而且我們全心投入。
- 悶悶不樂，生命好似從我們身邊流過，就像那不是我們的生活，好似和我們的需求沒有關聯，有如我們活著徒留功能。
- 有著大大小小的災難，瞬間改變我們的生命，突然間再也回不去原來的樣子。
- 暫時的痛苦，好比因為腰痛或牙根發炎（我們的生命原則上仍然豐富，只期望健康）。

- 有些既不特別黑暗也不特別光明的時刻，我們某種程度感到滿意，因為我們能完成最重要的任務，因為一切都「順利」，而且沒發生糟糕的事情。
- 情緒突然低落，因為受傷點被碰到了。

因此，當我在本章激勵您，思考您對生命滿意的程度，那麼您應試著以較長的生命時期（例如過去這一、二、三年）來觀察。

根據經驗，把個人需求拉到當下並不簡單也非理所當然，認知不同需求間可能存在哪些衝突更困難。有誰能夠非常仔細說出為何避免作出生命改變，或是非常重視獨立性，說出安全對一個人代表何種意義，尊重對他達到何等重要程度呢？又好比，我們願意為自己的安全付出多少代價，亦即將其他哪些需求排在後面。這些問題的答案並不能隨意從我們的意識呼喚出來，其一，因為我們鮮少有機會思考這些課題，再者，因為正如我們所見，根本需求受到的威脅或損害可能在很久之前已經發生，而我們在幼年還無法清楚以語言加以描述。此外，我們天性嘗試迴避不舒服、痛苦、屈辱和不安的感受，便將這些往事從記憶中抹去。

所以值得思考隱藏的大象嘍？如果我們對生命大致滿意，不給自己加諸過量工作，相信未來，以及我們有能力，容許改變發生，我們沒有必要理由思辨需求總結。只有極少數的人這麼做，但是看著身邊的人，良好共同生活賦予共感他人需求世界的意義，好更了解他人。此外：大部分的人不時經歷不滿情緒的階段，在其中有助於追求真正的原因。

生活品質：這對您意味著什麼？

您曾自問：對我而言，是什麼造就生活品質，對我身邊其他人有何意義？與之相關的還有其他問題：

- 我曾注意，我以及身邊的人的核心需求被滿足了嗎？
- 我給自己自由空間，並且認知我的權利，積極爭取我確實看重的東西？
- 我被他人真實或假定期待引導的程度如何？

這些問題的答案對個人幸福具關鍵意義。如果您主要遵循您不加批判而全盤接收的價值或品質概念，您也許早已停止好好照顧自己，以未來的幸福期望自我安慰。尤其是在職業領域，許多人必須遵循訂定好的標準，提高銷售數字，改善產品品質，保證品質等等，就連「立足點」在這個領域也耳熟能詳。例如，請您想想所謂的員工談話，您的上司正說明他對工作品質的評估，每個員工都要知道自己的位置，他目前以及一年之內會在哪裡，一切符合公司或機構的利益。這種「法制人士」當然有他們自己的「根本需求」：比競爭者更好，成長，增加利潤，或者降低成本。

比較實際值和應然值對我們也不陌生，伴隨我們一生。只可惜我們在自我照料這方面太少提出何為實際何為應然（或者不應然）這個問題。相反地，我們經常毫不思考地接受旁人訂定的應然值，將之融入我們內在協調系統。這些應然值源自好比：

● 教育教條和禁令。

- 性別角色分配。
- 學校分數。
- 工作分級。
- 身分問題。
- 在我們四周被分為「正常」或「偏差」。

在此前提下的實際—應然大多暗示我們：「還可以更好！」那麼，與其說這種比較對我們的根本需求是有用的指示，不如說是嚴苛的指指點點。我們個人認為對豐富和滿足生活重要的東西必須先自行發現，很少有人能教我們。也許您甚至熟悉推進相反方向的指示：「人要對生命逆來順受！不管喜歡或不喜歡！」

可惜沒有人自覺受到感召，要每年和自己進行一次談話，談談有關生活滿足、價值系統、自我形象，或者關於我們最重要的需求。基本上，交談對生活伴侶或雙親其實不是壞主意，有幸擁有善於傾聽的男女朋友的人，慢慢來，不因對方的煩惱或規則而妨礙我們的追尋。

本書無法取代和伴侶、雙親或朋友的交談，只是為這樣的談話創造良好基礎。我想鼓勵您提出問題，好比：我如何知道生命中真正需要的是什麼？哪些指引協助會引發我舒服或不舒服的感受反應？我有哪些機會檢視自己的生活品質？我會為您介紹兩種方式：一份問卷，您可藉助它找出哪些根本需求在過去和現在被滿足，以及對您有何重要性。然後您可以藉助一張圖，所謂的能量圓餅圖，看出您如何分配可運用的時間和精力。

您生命中真正需要的是什麼？

就滿足需求這個課題，要決定立足點，我們需要一定的協調，才能決定我們的實際狀態。如果我們期盼改變，需要澄清目標，亦即理解期望狀態。當實際和期盼狀態之間出現差距，我們才認知到需求。一般我們對所擁有之物的重視比不上對欠缺的關注，導致我們內心平衡扭曲，杯子在我們看來經常是半空而非半滿。換句話說：比較容易辨識出未被滿足的需求，而非已經被滿足的需求。

我們最重要的根本需求（穩定關係、重視和尊重、平等對待和公平、情欲和性欲、安全、好奇以及自主）常被區分為有賴他人行為而被滿足的需求，以及傳達給我們獨立性的需求。另一方面他們被分成維持及改變兩極。於是我們就有兩條軸線，分成四個象限，我們可以把根本需求分別放置在這四個象限。

這四個概念彼此處於緊張關係，每個人本身就是人類生活的一個基本特徵，但需要相對極作為補充，同樣地也適用於我們的根本需求。我們若是片面地努力滿足單一需求，各種需求的關係就不平衡。視生命階段而定，此一平衡可能推移：小孩自然比成年人依賴，正在成長的人比起年長者較傾向改變，這個正反原則運用在我們內在平衡的課題上，將在第五章進一步闡述。圖中，根本需求被歸類到上述各極——為了簡單呈現只用一個名詞代表。

我們任何需求的滿足起初都要依賴其他人，自相矛盾的，這一點也適用於對自主的需求，因為，為了確實滿足這個需求，需要在早年滿足其他需求，如我們從層級模型所見。總之正面發展需要我們從單方面的依賴自我解放出

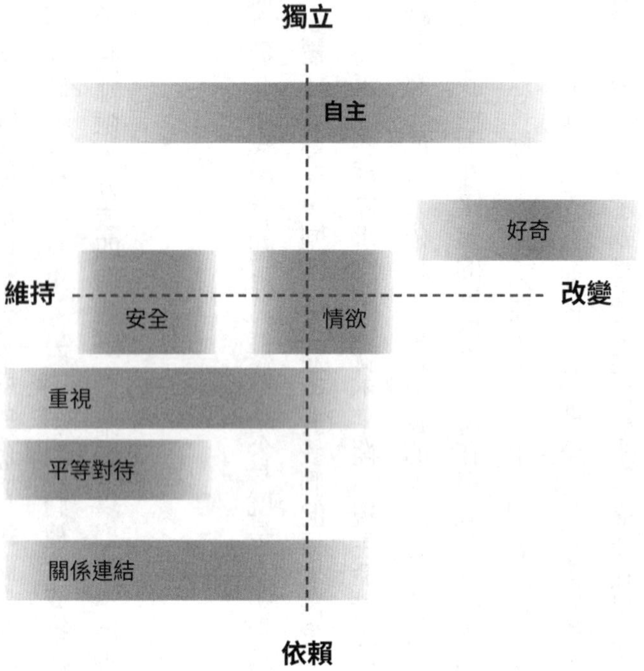
獨立
自主
好奇
維持
改變
安全
情欲
重視
平等對待
關係連結
依賴

來，並且自己掌控生活，自主進而朝向相對獨立性。追求穩定關係的需求並不排除自己能有所改變，在一個可行的愛情關係當中也容許改變的自由。

就安全這個需求，我們既依賴別人，也努力在自身尋求安全感，或者試圖控制潛在的危險。充滿樂趣的情欲和性愛可以放到四個象限裡：依賴一段伴侶關係，和不同對象自由戀愛，也是好奇或自主的展現。

值得注意的是介於維持和依賴當中的象限包含大部分的需求：人是社交動物，尤其在早期生活階段，為了心靈平衡需要其他人。請您同時注意，改變和依賴交叉出的象限幾乎是空的。想改變的意願原則上代表著從依賴自我解放，因此先決條件是相對的獨立性。不過有些人一方面擔心依賴，同時又有尋求穩定關係的現有需求。可能以經常更換伴侶呈現出來，持續改變代表追求連結的需求未被滿足，同時憂心地避免依賴。

旁人的重視和彼此平等對待，要滿足這些需求的先決條件是人際關係，在其中我們懂得珍惜這種持續性。最後，好奇能激起發展動力，可能朝向長期改變。

為了確認，個別根本需求是否在生命中被滿足，或在過去被滿足，您可以在緊接著最重要需求描述後面的問卷當中找出答案。結果會彙整成一份類似需求總結表，這張表可充作潛在改變期望的出發點，您可以在第五章以具體行動步驟執行。

您在問卷當中會看到一些描述，呈現各種根本需求的相關觀點。所有問卷分別針對過往和現在，此外，和現在相關的問題可以讓您檢視各種需求對您而言有多重要。就過往來說並沒有這些問題，因為就定義而言，孩童和少年時期的根本需求皆屬重要。相反地，隨著成長，價值定位會改變，一些需求的重要性增加，其他的則退居其次。

因此您首先自問：我在兒童和青少年時期過得如何？然後：在現在的生活狀態下，我有多贊同這些描述，或說，我如何評估其重要性？

請您在這些描述旁邊寫上0到10之間的數字。10代表完全贊同，或說最重要，0相反地表示完全不贊同或完全不重要。贊同各種描述的平均值（總分除以10）可用來評估這個需求過去以及現在被滿足的程度。

您的答案完全根據您的感受推估。並非讚許或責備某些人，重點在於這段時間帶給您的感受。（亦即您如今和這些人有何經歷並不相關。）關鍵也非其他人，好比您的雙親或朋友，對此說些什麼。請您將讀到個別描述時直接出現的想法和感受當作回答的基礎。

因為人們對父母的體驗經常有所不同，問卷只用「最重要的關係人」，即使對方是繼父母、祖父母或其他親近的人（以您的用語或者是媽媽、爸爸、某某阿嬤等等）也包含在內。

問卷及分數表，可上網從 www.dtv.de 下載當作補充材料，就在本書資料旁邊。

■ 穩固的人際關係

這個需求從我們生命一開始即屬非常根本。雙親以愛迎接我們，即使我們有時不符合他們的期望，他們也不會把愛收回去，於是產生常被探討的基本信任。我們知道自己值得珍愛，不必擔心我們關係連結的穩定性。被愛以及能給予他人愛，這是穩定自我的支柱。無數詩作及流行歌曲都表達此一渴望：「去愛，神啊，多麼幸福，被愛又是多麼幸福。」我們讀到歌德這麼寫，又好比輕歌劇歌詞：「你占據我的心，你不在的地方，我無法生存。」

充滿愛、保護和庇護、歸屬感及理解的人際關係

過往	同意度 0-10
我覺得我最重要的關係人理解我。	
在家庭裡可以互相信賴。	
我覺得我屬於我的社會環境。	
我最重要的關係人保護我，如果我需要支援，他會支持我。	
在家庭裡，我經歷到家人彼此體貼。	
我覺得我最重要的關係人無條件地愛我。	
我體驗到溫柔和身體溫暖。	
我想我是期盼下誕生的孩子。	
我最重要的關係人為我付出充分的時間，我需要對方的時候，他們都在我身旁。	
我們如果在家裡偶爾爭吵，我們之後又會和好。	
本表所有評估數值加總：	
此一需求的滿足程度如何？ 十項描述的平均值	

現在	同意度 0-10	重要度 0-10
和我最重要關係人的關係對我而言穩定而且可靠。		
我覺得在我的伴侶關係或家庭當中受到保護。		
其他人喜歡和接受我。		
我覺得親近的人理解我。		
我覺得我屬於我的社會環境。		
在朋友圈或家庭當中，我自覺受歡迎。		
我被我能託付和開放面對的人所圍繞。		
我有個無條件愛我的伴侶。		
我身邊有人為我付出時間，當我需要他們的時候協助我。		
我被對我重要的人所需要。		
本表所有評估數值加總：		
左側：此一需求的滿足程度如何？ 右側：滿足需求對您多重要？ 十項描述的平均值		

除了對孩子、雙親或生活伴侶的愛，這種根本需求也在長期友誼，或是可靠的同事情誼當中得到滿足。關係連結如果以自願為基礎就更令人滿足——以知名伴侶治療師盧卡斯・莫樂（Lukas Moeller）的話來說：「愛是自由之子」。尤其奠定於缺乏選擇的關係相對較不自由，主要滿足其他需求，好比對安全感或照料的需求。

其他根本需求可以劃歸尋求穩定關係的需求，如尋求保護和庇護、歸屬感和理解的需求。

期望保護和庇護感在我們眼中或許顯得孩子氣：對小孩子而言卻無疑是存活條件。如果嚴重缺乏保護，一再出現的不安感揮之不去，就成為受傷點。但即使此一根本需求未受損，依然是終生課題。一旦欠缺庇護和保護，就危及我們的平衡。每個人可能以大不相同的方式體會庇護感，好比在雙親懷裡入睡，在家族圈子裡，或者和密友聊天的時候。自己的房子，大自然裡熟悉的地方，或者有信仰的人對神的信仰，都能帶給我們保護和庇護感。

滿足或未滿足對歸屬感的需求乃是以各式各樣的經驗為基礎。我們受雙親歡迎嗎？他們能為我們的舒適而奉獻，能夠或者願意有時將自己的需求放在第二位？之後，當我們學會區別自我和他者，我們越來越轉向自己，也許自覺和其他人分隔開來，於是發展出一種追求「我們」感受的需求。歸屬感是所有人類共通的期盼，不管是屬於一個家族，幼稚園和小學裡同齡的團體，屬於一個朋友圈、協會或是一個公司。

我們不及別人對我們所期待時，特別能察覺對理解的需求。我們於是特別需要其他人不要忽略我們的感受和需求，不要等閒視之，覺得它們煩人或錯誤。對小孩子而言，他們還活在自己的世界，語言上還無法精準表達，同理心是絕對必要。滿足此一需求對成年人經常沒那麼容易，也許因為自己「理性」觀點的阻撓（好比向孩子解釋：「不必害怕鬼魂。」），或是因為自己的需求在當下顯得比較迫切。但當我們將孩子的感受世界以及對事物的觀點當一回事，我們就容許孩子的做法不同，感受不同，想法不同。可取的是不要求獨斷決定何謂真、正確或錯誤的態度。獲得理解的經驗是發展理解他人內心世界能力的基礎。持續感覺不被理解的人會退縮，或者不斷奮力爭取滿足這個需求。和他人發生衝突時，雙方都不滿足於單一解決方式，損害我們對穩定關係的需求。尋求和諧時，有些人發展出過度追求和諧的傾向——經常以犧牲自主為代價。和諧似乎是最重要的需求，但準確說來只是一種確保人際關係的自我保護程式。

■重視和尊重

尊重和重視密不可分，它們是自我尊重和發展自我價值感的基礎。我們主要向關係人，也就是和我們有情感連結的人尋求滿足此一需求。除此之外，它影響其他許多人際領域：在工作領域，我們期望獲得主管和同仁的讚美及認可，我們期望在朋友圈或是為好事而付出時獲得重視。我們還小的時候，在各種日常情況中獲得雙親全部的關注——即使不是無時無刻，畢竟是可靠的關注。孩子感覺得到雙親是否把心思放在別處，以自己的方式抗議，啜泣、干擾，弄壞東西或退縮。

童年缺乏重視及尊重會留下傷口，我們成年後會察覺這個傷口。每當我們感覺到被忽略，沒有獲得該有的稱讚，被遺忘的生日祝賀，鄰居沒有問候我們，或者被伴侶忽視的請求，都自然而然被當作輕視的證據。

重視與尊重

過往	同意度 0-10
我最重要的關係人關注我的興趣和能力並支持我。	
我在童年獲得足夠的關注。	
我最重要的關係人給我足夠的讚美及認可。	
我最重要的關係人讓我感覺自己對他們是重要的人。	
我最重要的關係人認真看待我的感受及需求，並不嘗試加以抹煞。	
我可以對自己感到驕傲。	
身為孩子我通常感覺自在。	
我想我受到許多人喜愛。	
他人樂於邀請我一起做些什麼、開宴會、派對等等。	
我的外貌讓其他人喜歡我。	
本表所有評估數值加總：	
此一需求的滿足程度如何？ **十項描述的平均值**	

現在	同意度 0-10	重要度 0-10
其他人重視我到場。		
我被看到並受尊重。		
我的職業能力受到重視。		
我的感受及需求被認真看待。		
對我重要的人，即使我有弱點和錯誤，依然和善對待我。		
我覺得自在。		
在工作方面，我經常被問到我的看法。		
我喜歡自己的外表。		
有些事情足以讓我自豪。		
我可以從容地讓他人超前，偶爾退居幕後。		
本表所有評估數值加總：		
左側：此一需求的滿足程度如何？ **右側：滿足需求對您多重要？** **十項描述的平均值**		

每個人都有受重視的需求，但對其重要性卻有不同評估。有些人似乎持續爭著成為中心，有些人喜歡謙遜，有如沒有這個需求，又有些人能得到他們所需。

■ 平等對待和公平

公平是個崇高的倫理標準，「所有人都有同樣的權利，因為每個人都平等」這是個古老的人性夢想。可惜在生活當中很少達到公平。現實是為了冷盤自助餐的分配爭奪，男女之間付帳不公平，不公平的賦稅，或是全球爭奪資源。

我們學到（或沒學到）樂於不自私分配，原則上卻有特定條件：我們是否對他人的困境感同身受，我們將不公平視為自作自受還是他人導致，我們是否覺得自己居於弱勢，以及其他許多條件。平等對待及公平因此是倫理基本價值，透過教育傳達給我們（至少應該被傳達）。當作一種需求則在受到損害的時候才會呈現出來。和其他已經提及的需求相反，這種需求不是與生俱來（可說遺憾）。基本上人有能力同情他人。對公平和平等對待的需求可能讓某些人

平等對待和公平

過往	同意度 0-10
我的需求通常就像其他人的一般被看重。	
沒有人會出於不知名因素占我便宜。	
我不必忍受不公平的懲罰。	
我的家庭裡沒有人被壓迫。	
公平和平等對待在我的家庭裡是至高的善。	
我總是感覺安全，沒有欠缺。	
我在家裡有細心公平的典範。	
我輕易就能和他人分享。	
當我被不公平對待，我最重要的關係人會為我挺身而出。	
我可以輕鬆地放棄某些東西，或者讓其他人先擁有。	
本表所有評估數值加總：	
此一需求的滿足程度如何？ **十項描述的平均值**	

現在	同意度 0-10	重要度 0-10
我的需求和他人的一樣重要。		
我覺得自己在私人領域被公平對待。		
我很少有嫉妒的感受。		
我和身邊的人之間的施與受維持平衡。		
如果我覺得適當，我可以讓他人優先。		
我不覺得有所欠缺。		
我輕易就能和他人分享。		
我很能察覺不公平對待，即使和我無關。		
我私下以及／或者在社會環境當中為公平挺身而出。		
整體而言，我覺得自己在職業領域受到公平對待。		
本表所有評估數值加總：		
左側：此一需求的滿足程度如何？ **右側：滿足需求對您多重要？** **十項描述的平均值**		

特別放在心上，他們生命中缺乏公平和平等對待，期待他人或社會滿足這些需求。即使一些人心心念念，為了公平和他人分享卻絕非理所當然的事。平等對待及公平的想法與真實存在的不公平處於緊張關係，這些不公平乃源自權利關係、財產、性別、國籍、教育、天賦及年齡等。

將這個基本價值列入和我們相關的根本需求有其意義，因為重視它對我們的自我價值感具有莫大意義。相應地，不平等對待及不公平經歷損害我們的心靈，經常留下受傷點。

我們嘗試以不同策略處理這些困境，有時成功，有時卻發展出自我保護程式，保護程式卻反而擴大問題。我們為了小事爭執，受辱地退縮，變得霸道或嫉妒——對大象說哈囉！

■情欲和性欲

生物學看來，性愛是為了延續物種。如果這就是一切，我們在這方面尤其能以成功生育和受孕獲得最高滿足。但是值得高興的，其中不只提供一種幸福感受，於是在理想狀態下，我們的身體能以多種方式享受情欲及性愛。當然，其中的先決條件是我們從孩提時期起能毫無禁忌地探索我們的性部位，開展我們對其他人或自己的性別的興趣。我們雙親不會對我們的探索衝動感到驚嚇，或者以懲罰來應對，在適當的時刻回答我們的問題，對我們恰當示範情愛以及如何對待自己的身體。他們尊重我們對親密感和羞恥界線的需求。在我們愛情關係中發生無可避免的衝突及煩惱時，他們充滿理解地陪伴在我們身邊，不會強制我們該怎麼做，也沒有道德指責。

遺憾的是我們之中許多人，即使在上世紀中期所謂的性解放之後，依然距離此一理想圖像十分遙遠。孩子和成年人仍然和從前一樣對性感到羞恥，壓抑性欲。他們或許會透過不同媒體面臨性的過激行為，設下了可悲的標竿：成果壓力和茫然交雜壓抑及禁忌化。追求愛、柔情和投入的真正期盼經常受到期望壓力，或者受到應特別努力表現性感的阻礙。部分電影工業、文學、廣告和網際網路都增加不確定性，它們處理情欲和性愛有如消費商品。

因此適當地滿足個人對情欲和性愛的需求，或者根本先加以認識——並不容易。下一階段的描述能對您有所幫助。

情欲和性欲

過往	同意度 0-10
我最重要的關係人開明且配合我的年齡和我談論性愛。	
我最重要的關係人傳達給我性愛及情欲對幸福人生重要。	
我最重要的關係人容許我悠哉地發掘及享受我孩童時期的性。	
身為青少年時，我覺得自己的身體魅力被他人認可。	
其他人尊重我的私密範圍。	
我總能與某些人討論相關問題。	
性是骯髒或罪惡的想法完全沒有影響我。	
對我而言，電影或網路影片不是我自己性行為的標準。	
沒有人嘗試把個人的性期盼強加給我。	
我有朋友可以和我談論情愛相關的事。	
本表所有評估數值加總：	
此一需求的滿足程度如何？ **十項描述的平均值**	

現在	同意度 0-10	重要度 0-10
情欲及性愛在我的生命中占重要位置。		
我對性偏好與我不同的人沒有偏見。		
我可以建立親密關係。		
我享受我的性愛。		
我不讓任何人為了他自己的性期望而虐待我。		
性對我而言不是競技體育。		
我喜歡性幻想。		
如果我對性愛沒興趣，我能堅定立場，並且明確表達。		
我尊重其他人的性界線。		
我能表達我的情欲及性愛期望。		
本表所有評估數值加總：		
左側：此一需求的滿足程度如何？ **右側：滿足需求對您多重要？** **十項描述的平均值**		

■ 安全感

在生活當中是否感到安全，這是種極端主觀而且經常變動的感受。危險無所不在，不管針對身體安全還是心靈穩定。我們認知哪些危險，以及我們如何應對，都從面對當時狀況的主觀評估作出結論，不管我們是否將情況劃歸具威脅性。我們搭飛機時是否害怕，我們面對戰爭或恐怖攻擊時是否恐懼，我們是否覺得受到通膨威脅，我們是否在別人靠得太近時感到害怕，我們胸口發生刺痛感時是否感到驚嚇，或者面對小事時，心靈就警鐘大響——這些都是我們大腦經過評估過程的結果。我們的主觀安全感取決於我們一方面經歷哪些危害，以及另一方面我們有幾分把握能解除這些危險。

絕對安全並不存在。沒有人能宣稱自己可以對付所有危險，遑論那些嘗試閃避一切威脅的人，這樣的人反而強化不安全感，因為他沒有發展出控制艱難情況的信心。過度呵護下成長的孩童，只有雙親在身邊時才覺得安全，經常無意識地接收雙親的煩憂。他們不被鼓勵勇敢踏向獨立的許多一小步，自主的根本需求（見下文）沒有進展，結果可能是普遍的生活不安感。內在安全感因此弔詭地發生自一再回返的放棄安全意願，在終生的發展過程中一再重新開始。在生命的道路上，從未離開以為安全之地的人，不會因新挑戰而成長，反而必須一直害怕改變。

安全感需求在每個人身上有不同強度的表現。有些人盡一切可能，甚至自我犧牲，好維持一段以自身財力經營的關係。有些人則是保險業務員輕易就能爭取到的客戶，投保所有可想像的產品。又有些人沉溺於過度的健康儀式，不接受任何新的職業挑戰，或是把房子所有窗戶都安裝鐵窗。這張清單還可以無限加長。首重追求安全感的人依照下列基本原則行動：一切都應維持原狀，任何轉變都被視為威脅。

滿足安全需求雖然指向持續性，但是持續性必須以願意接受改變一再重新獲取，測試我們的能力時所獲得的信賴形成平衡。

當我們踏上新領域，我們就將安全需求放在其次。沒有承受風險的勇氣，我們大概依然騎著第一部有支撐輪的腳踏車上路。出於自我信賴產生內在安全感，隨著生活要求而成長。這意味著：我們一方面需要相當的安全感以克服恐懼，另一方面，安全感源自能克服恐懼的經驗。

安全感

過往	同意度 0-10
我的住家對我而言是安全的地方。	
當我害怕的時候，我最重要的關係人會陪伴我。	
在家庭以外，在我其他生活空間裡，我也覺得自己安全。	
我的家庭生活在有保障的財務情況下。	
藉著家庭的支援，我覺得我在各年齡階段成長到足以接受挑戰。	
我被我最重要的關係人保護著，但沒有過度保護。	
沒有家庭成員受到重病威脅。	
我受保護免於身體攻擊，或者隨著年齡能自我防禦。	
我從不曾非常害怕入侵者／黑暗或其他可能的危險。	
我對我能接受哪些風險有確定的感受。	
本表所有評估數值加總：	
此一需求的滿足程度如何？ 十項描述的平均值	

現在	同意度 0-10	重要度 0-10
我相信未來。		
我所擁有的，任何人都不能輕易拿走。		
我自覺隨著生活的要求而成長。		
我有能力自我調整，以面對必要的改變，以及因此產生的不安全感。		
我在私人和工作領域能信賴我最重要的關係人，他們也信賴我。		
我學會正確評估危險。		
有必要的時候我會自我保護。		
我以恰當的方式作出經濟保障。		
在一般範圍中，我接受醫師的健康預防建議。		
我自信不會犯下嚴重的錯誤。		
本表所有評估數值加總：		
左側：此一需求的滿足程度如何？ **右側：滿足需求對您多重要？** **十項描述的平均值**		

輕易可知，內在安全感奠定在其他根本需求在過去及現在都獲得滿足：我們還小的時候是否能體驗保護及庇護，我們人際關係是否穩定並充滿愛意，我們是否能自我調適接受各年齡時期的挑戰，是否可以有好奇心，我們的獨立性能發展到何種程度。無可避免地和其他根本需求的問題相互交織。

您在自己的生活當中自覺有多安全？您的安全需求主導性有多強？

■好奇

好奇意味著探索世界。起初是個相當狹窄、圍起來的世界，裡面有些東西可觸摸，可放到嘴裡。好奇對小孩子意味著試試看，如果這樣或那樣做，看會發生什麼事：可以疊幾個積木，高塔才會倒下來，要是抓著狗的尾巴，狗會有何反應，在兒童遊戲區從溜滑梯溜下來是什麼感受……

一切新奇的事物都有吸引力，也保有這份吸引力，只要雙親允許，孩子沒有超出自己的極限，受到保護沒有危險，能夠測試這個世界。在測試自己的能力時，好奇於是連結對信心的根本需求，我在下一個章節會進一步討論。隨著年齡增長，我們會提出好奇的問題，想知道為什麼以及為了什麼。

好奇

過往	同意度 0-10
我最重要的關係人支持我的好奇心及求知欲。	
我喜歡探索事物。	
我最重要的關係人鼓勵我主動。	
我最重要的關係人對新奇事物保持開放心態。	
我有足夠的時間和機會獲得新體驗。	
我經常尋找新的挑戰和冒險。	
我最重要的關係人如果暫時不知道我在哪裡，他們不會過度擔心。	
要是我想嘗試新事物，我也可以偶爾逗弄或惹惱別人。	
我可以去找我最重要的關係人，即使我有時反對他們的建議，超過界線。	
我喜歡驚喜，能對許多事物感到驚嘆。	
本表所有評估數值加總：	
此一需求的滿足程度如何？ **十項描述的平均值**	

現在	同意度 0-10	重要度 0-10
我喜歡嘗試新事物。		
我喜歡投入新任務。		
我准許自己主動和放肆一下。		
我精神活躍、求知欲強而且開放。		
我喜歡認識新的人和文化。		
我喜歡新的挑戰，好讓自己覺得生動活潑。		
即使常常需要勇氣，我會探測自己的界線。		
我對其他人的意見感到好奇。		
我喜歡讓自己驚喜一下。		
我總是尋求新挑戰，好讓自己繼續發展。		
本表所有評估數值加總：		
左側：此一需求的滿足程度如何？ **右側：滿足需求對您多重要？** **十項描述的平均值**		

您的雙親如何面對提問？他們有耐心而且理解地回應您的興趣所在了嗎？這個需求在學校裡被鼓勵並且被滿足了嗎？或者您必須吞下毫無意義的教材，完全不了解其中關聯，也不能運用這些知識？保持好奇心原本應該是教育的最高原則——遺憾的是現實看起來完全不是這麼一回事！有些父母本身的好奇心就不足，因此也不能作為榜樣。他們可能擔心在未知領域，孩子因為缺乏經驗可能觸犯什麼。

帶著好奇心探索一切陌生事物，去旅行，看書，或是在網路上前進未知世界，克服面對新事物的羞澀和初期的排斥，伴隨著各種該做和不能做的事。這些阻礙讓人難以保有孩子般的驚嘆，去學習尊重異己，加以理解和容忍，除了自己的還有其他人的真實世界。

■ 自主

發展自主一方面以小步驟進行，另一方面經常要跨進陌生的領域。對許多人而言是困難的人生階段：開始上學，從雙親家搬出來，搬到新的城市，建立家庭，或者展開及結束職業生涯。根據馬斯洛的層級模型，我們能良好掌控這些過渡時期，只要我們提供其中的需求階層一個穩定的基礎。要是缺乏這個基礎，對新事物的恐懼就會變得太大。接著我們會試著緊抓熟悉事物，或者推延必要的改變。

在理想狀況下，我們能在穩定關係上，連同保護、庇護、歸屬感來建立親密感及理解，以重視和尊重、安全感及好奇為基礎，並且和我們的情欲及性欲需求保持和諧。某個階段呈現破碎，我們就被迫發展出多種自我保護程式，好迂迴地獲得我們迫切所需。忽視自己的感受和需求，必須作出特別貢獻的想像，累積地位象徵，控制別人，單方面滿足他人期盼，或是自我退縮，這些都是努力避免進一步損傷需求的例證。

自主因此並不意味著能獨自一人過日子，而是能自由地從容做自己，和自己的感受及需求和諧共存，以自由意志決定自己的生活——而且和他人的需求調和。借用心理分析師阿諾．古魯恩（Arno Gruen）的話（摘自他的著作《背叛自己——男性與女性對自主的焦慮》）：「自主並非從獨立本身的意義或必要性的想法發展出來，而是出自不受阻礙體驗自己認知、感受及需求的可能性。」

他指出許多人期望「從人性解放出來，因為覺得『人性』是種阻礙」。這可以意味著，人的能力如同情和顧慮他人，或者人際關係，對某些人而言，在他們職業生涯往前推進的路上就像絆腳石一樣。為了滿足自主的需求，我們不必隨時保持堅強，亦非完全沒有自我懷疑。我們不會因無助和脆弱的經驗而失去自主性，而是因為不斷努力成為不是自己的那個人，好迎合其他人期待或各個團體標竿才會。特別是年輕人，他們經常掛在嘴上的「耍酷」需求就是對自主理解錯誤的例證。不要表現出感情，不要多愁善感，不要感覺脆弱，這些於是成為強大個體的標準。

追求自主包括追求自重、自決和劃出自我界線的需求，需要自由空間測試自己的能耐。

自重意味著認可自己的價值，把自己看得和他人一般重要，謹慎地處理自己的感受及需求。

自決意味著擁有自己的意志，並且加以貫徹，為自己的行為負起責任，運用自己的判斷力。

劃定界線的意思是，有能力而且允許區分他我。主要學習滿足雙親期望的孩童，他們不被允許對雙親說出固執的「不」字。他們或多或少被用來滿足雙親需求，如有落差則受罰。有些父母的野心會早早摧折孩子自我發現的意志，「不要讓我們丟臉！」或是「學校成績還可以更好！」通常都是要獲得愛及庇護必須遵從的訴求。

劃出界線表示拒絕把他人需求當作自己的，不會總覺得要為身邊的人的感受世界負責，勇於在周遭環境當中與眾不同。這種需求在青春期特別被表現出來：把頭髮染成綠色，熬夜，不聽勸誡等等，對雙親而言確實經常是粗魯行為，青少年也想表現魯莽。雙親面對這些表現要有強大的神經，以及相當和諧的自我需求平衡。不要只是隨侍在孩子身邊，無須操持家務，這些對許多母親是可理解的期望，父親也經常懷念自己的時間，不需要滿足任何期望。只是還能作用導致忽略自我照顧，就像沒有活化的需求。最遲在出現抱怨：「我再也不行了！」這時就達到界線，也可能引發健康風險。下文的自主問卷當中的一項描述要以這層含義來理解：「我認知我的界線並加以尊重。」

自主

過往	同意度 0-10
我最重要的關係人鼓勵我表達自己的意志。	
我最重要的關係人給我符合年齡的自由空間。	
我覺得重要的事也會付諸行動。	
我的雙親和老師讚美並鼓動我的自主行為。	
我可以接受自己是怎麼樣的人。	
我可以從我的能耐發展出自信。	
犯錯也被允許。	
我有勇氣捍衛自己的看法。	
偶爾表現出弱點不會對我造成傷害。	
我不會自動迎合他人的期望。	
本表所有評估數值加總：	
此一需求的滿足程度如何？ 十項描述的平均值	

現在	同意度 0-10	重要度 0-10
如果我打算做什麼，也會付諸行動。		
我覺得對自己的生活負起責任。		
我覺得自己堅強到獨自作出生活的重要決定。		
我重視自己的需求。		
我能接受合理的批評。		
我可以和其他人保持界線。		
我可以透過自己的行為改變些什麼。		
我認知自己的界線並加以接受。		
我注意其他人的界線和需求。		
我依循自己的價值而生活。		
本表所有評估數值加總：		
左側：此一需求的滿足程度如何？ **右側：滿足需求對您多重要？** **平均值，亦即將所有分數加總除以十。**		

有種長期下來並不好的劃定界線形式，亦即將所有煩惱和沮喪往肚子裡吞，將自己的感受及需求世界封閉在厚厚的牆壁後面，只酸澀地將之展現為擬人化的指責——無效的需求表達範例！

在達成自主的道路上，我們需要自由空間，以發展出對自己能力的信心。雙親要是表現出自己知道得比較多，堅持自己的生活經驗，自行作出所有決定，為孩子排除道路上所有困難，就會妨礙自主需求的發展。「你還做不到，讓我來！」或是「你等著看自己的下場！」這些都是給孩子的訊息——經常出自沒耐心或害怕，埋葬了孩子對自己能耐的信心。有時間找出自己想要什麼，允許犯錯好從中學習，這是發展自信和自主的基礎。獨立自主的人可以滿足自己的需求，這些需求在早年發展期還有賴他人加以滿足。

■ 您的需求總結：您滿意嗎？有衝突嗎？

現在，當您作出總結，可以看出得失利弊，您的根本需求在過去與現在被滿足的程度如何，以及這些需求現在對您有多重要。

請您將所計算出的平均值分別填入下列表格，當作您的需求總結表。

您的需求總結

	過往	現在	
	滿足的程度 0-10	滿足的程度 0-10	重要度 0-10
穩固的人際關係			
重視和尊重			
平等對待和公平			
情欲和性欲			
安全			
好奇			
自主			

您的需求總結分數是下列問題的概略答案：

1. 過去和現在有所改變的是什麼？

要是比較過去和現在的平均值，您或許會注意到一些變化。好比自主在今日對您可能比在童年時期重要。要是這個需求如今被滿足了，您一定不會輕易失去平靜，您也比較能夠忍受他人偶爾的沮喪（好比和他人的期望保持界線的能力）。特別有意思的點在於，從前未被充分滿足的需求，現今依舊沒有完全被滿足，以及您是否依然欠缺某些重要的東西。結果是您覺得非常執著於滿足此一需求，於是您相應敏銳地對該需求的危害或損害作出反應。好比被重視或理解的需求未被滿足，留下受傷點，於是只要極微的需求不滿跡象就足以危害您的平衡。在我們的範例故事裡，這個關聯被凸顯出來，我們在下一個章節還會討論您在這種狀況下的個人經驗。

2. 重要需求被滿足或未被滿足到何種程度，在您現今的生命當中有何重要性？

粗略區分您的分數可當作方向指引：有些需求被滿足程度低於平均值，有些則超過平均值（也就是低於五點或高於五點）。同樣原則適用於需求的重要性，從中可得出下列四個象限：

您的需求總結的四個象限

象限一 滿足度：低（0-2） 重要性：高（8-10）	象限二 滿足度：高（8-10） 重要性：高（8-10）
您現今覺得重要的需求，依舊沒有或很少被滿足。對您的生命滿足程度而言，要檢視分布在這個象限的需求，如何讓它們在您的生命裡更有分量。	對您重要的也相當程度或完全被滿足。如果所有的需求都分布在這個象限，就該恭喜您！
象限三 滿足度：低（0-2） 重要性：低（0-2）	**象限四 滿足度：高（8-10） 重要性：低（0-2）**
這些需求對您既沒有被滿足也不重要。 您可能覺得一點問題也沒有，也許您不過只是接受這個需求無法滿足——就像寓言裡的狐狸，看著吃不到的葡萄就推斷葡萄太酸。也有可能您早已遺忘這些需求，那麼值得考慮一下，為了生活更滿足，試出這些需求的潛能！	這些是被滿足的需求，但是對於滿意感顯得無關緊要。您或許會想，那就維持原樣。您所擁有的可能對您顯得理所當然（可以和呼吸的空氣相比擬）。但要是這些需求不被滿足會怎樣呢？對重要性的評估可能會改變，同樣珍惜這些需求的滿足會有益處。

觀看這個總結表的時候，您可能察覺某種動力，也許想把一些什麼往達到更高需求平衡的方向改變？請您特別注意滿足度不高，但是需求非常重要的象限！

根本需求——如上文所述，可能互相衝突。您曾想過，或許降低某個重要需求，可以滿足另一個對您似乎更重要的需求嗎？有些人嘗試任何事就為了受到重視，冒著以自尊為代價的風險。又有些人依附某個人，為了維持穩固關係，放棄其他需求如自主和測試自己的能耐。或許您已經處理好這些衝突，對妥協之道感覺滿意。當然，可想像的還包括這些衝突一再導致內心或人際之間的緊張。可以從某些人身上看出需求衝突的徵象，他們的需求通常無法被滿足。胸中有兩個以上的心靈總是不易合而為一。這種衝突通常並未被意識到，有的人也許甚至不容許自己擁有或甚至表達某樣需求。好比因為擔心對身邊的人造成負擔，或是令他們不安。例如單獨度假可以強化對自身能力的信心，但出於對伴侶關係的顧慮，這個想法不會被認真考慮。或者您不敢表達意見，好讓獲得歸屬感的需求不受損害。根據您的需求總結，您可自問，您可能長久以來已經設定好的優先順序為何，以及您將哪些需求放在其次。如果您把相關想法記下來會很有意義，因為我們下文還會回頭加以探討。

需求衝突並不容易解決，加以辨識並揭露是重要的第一步。就算只是出於平淡無奇的因素，衝突也會爆發，正如範例故事所顯示。我們經常甚至沒騰出時間感受一下，我們現下覺得最重要的是什麼，哪些又是我們視情況願意放棄。

需求總結可以視為內心的損益計算，結果必然是不同需求之間的妥協，我們也會在各個生活領域經歷滿足或沮喪，有時需求在職業領域被滿足，在家庭卻有所不足，或者顛倒過來。要是把辦公室的沮喪在家裡釋放出來，會是困難的情況：可說是在錯誤的地方運行自我保護程式！也許基本上我們期望至少在家裡被認可，但因為自己的行為卻引發可怕的相反結果。又或者某人期望因為職位的關係，在家裡自然而然地受到和職業地位一樣的重視，卻沒認知身為家族成員需要完全不同的社會能力。在第五章尋找解決之道時，將分別詳盡描述不同需求間的衝突。

您如何分配時間和精力？期望和現實

「可惜我沒時間！」一旦我們想做什麼卻沒去做，這必然是最常聽到的抱怨，也是某人不能滿足我們願望時經常聽到的理由。但究竟是誰決定我們的時間怎麼分配？當然，只有少數人覺得是自己在分配時間，自行決定把時間用在什麼地方，不用在哪方面，亦即能自行設定優先順序。比較常見的是假定無可避免的實際約束決定節奏。缺乏時間和時間壓力的感受在生活中常相左右。相對地，「我如何分配我的時間？」這個問題針對自我負責，指出我們不是任何時間消耗的犧牲者，而是主動影響時間保留在哪些方面。我們工作多少，和誰一起或做什麼來消磨時間，有多少時間留給休閒或享受，都反映出我們的價值及需求系統。如此看來，我們個人的時間及精力分配適合用來讓我們知悉，我們的活動真正分配給哪些需求。

我們如何將時間和精力運用形象化呢？請您想像一塊蛋糕，您能把它切成不同大小的區塊。蛋糕代表全部，即您在一週內可用的百分之百的時間及精力。您如何分配平日的一週時間呢？請您試著「以大原則」總結出最重要的範圍（例如職業、家庭、朋友、社交媒體、網路、電視、運動、嗜好及興趣、休閒和身體保養等等）。

請您用一張Ａ４紙畫一個大圓圈，然後分成幾個區域，結果就顯示您的時間及精力分配。如果您做這張圖有困難，建議您寫下您在平時一週裡做些什麼。適合做出鐘點及每日計畫，就像您在學校時期學過的那樣。請您將自己的活動分配到各個區塊。當作範例，我們看看下一頁的塞巴斯提安時間及精力圓餅圖。

塞巴斯提安對這張圖皺眉，因為圖就擺在眼前，他花了不少時間和精力在一些工作上，完成這些工作主要對他人有利（畢竟占了百分之十五）。他察覺，他碰到分配共同任務的時候，總是比其他人更快表達意願。私底下——他對那些利用自己樂於助人的受惠者，早已時常感到生氣。（此處容易認出前文及主角生命故事的主題：他被需要，他就覺得自己受歡迎，是其中一分子，因此他做了很多事好被需要。）

塞巴斯提安的時間及精力分配圖

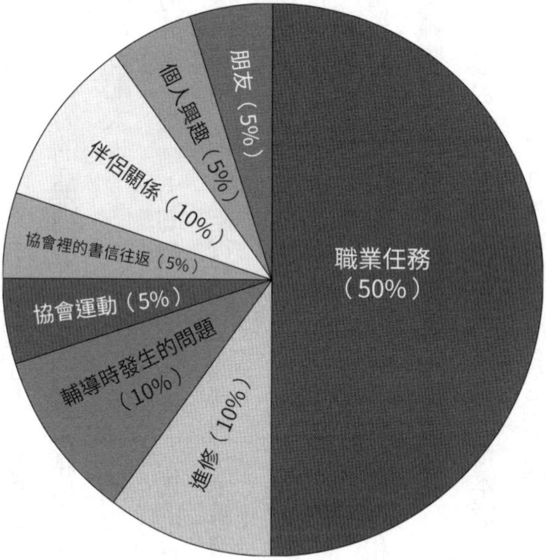

您目前如何分配時間和精力？

初看您的時間及精力分配表，您的反應也許是思考，想著為何某項活動占據這麼多或少的時間精力，或者根本沒出現。重點在於您考慮到每一項。您可能發現，某些消耗精力的活動對您個人的需求滿足沒什麼貢獻，有些傳達給您滿足感的領域卻分配太少。

請您現在另外畫一個精力圓餅圖，但是依照您的期望來劃分。請您試著不要帶著任何價值判斷，不管是否實際，或者您是否覺得太自私。您從問卷的答案裡當然也能得到啟發。

接著請您比較期望和現實：仔細看著兩張圖，您會發現可能值得注意的差異。目前的精力分配帶給您充分的滿足、生活喜悅和幸福時刻嗎？另一方面：您希望改變哪些部分，您覺得哪部分有所或缺？

這一切和您的根本需求有何關聯？當您的根本需求和活動相互矛盾，您才會經驗到其中關聯。為了具體說明，以塞巴斯提安的精力分配為例：

塞巴斯提安的精力消耗（實際狀態）和根本需求的關係

活動 （精力消耗百分比）	透過這些活動 達到滿足的根本需求
職業（自己的任務）（50％）	自主、安全、受重視
職業（協助他人）（10％）	受重視 帶著歸屬感的穩定關係
職業進修（10％）	受重視 自主
伴侶關係（10％）	懷著愛意及諒解、重視、情欲 和性愛的穩定關係
個人興趣（5％）	好奇、自主
和朋友接觸（5％）	穩定關係、受重視
運動（5％）	自主，相信自己的能力
協會組織（5％）	帶著歸屬感的穩定關係

他對受重視及穩定關係（尤其是歸屬感）的需求，主要經由作出貢獻加以滿足，經由他投入職業領域，以及他在協會組織的合作而作出的貢獻。他評定為非常重要的自主需求（特別是劃定界線）卻占比較低。他顯然把這些需求排在對歸屬感及受重視的需求後面。好奇是相當重要的需求，但是顯然也沒有得到應有的滿足。公平和平等對待沒有出現，這些需求顯然不需要特別投注精力。

需求總結對他的意義何在？簡短的答案是：竭盡全力！他努力爭取重視及穩定人際關係的片面性，長期下來威脅他心靈平衡，將其他需求排擠到後面。如我們所見，受傷點啟動自我保護程式，要求更加投入心力，或者朝向放棄的退縮。此處再度呈現，塞巴斯提安真的有充分但不易辨識的理由在這種情況下情緒不佳。當然並不是說上述情況下，他人的行為錯誤或是不恰當，而是因為剛好碰觸到他的大象——如果認真看待，就給他契機審視自己的精力分配，連帶也思考他的生活方式。

我們回到親愛的讀者身上，畢竟本章要探索的是您的根本需求。請您在下列兩張表格填入您的活動，以及與之對應的需求（實際和期望狀態）。

您的精力消耗（實際狀態）和根本需求的關係

活動（精力消耗百分比）	根本需求

您的精力消耗（期望狀態）和根本需求的關係

活動（精力消耗百分比）	根本需求

哪些需求對您而言被優先考量？七項根本需求當中有哪些很少出現在您的表格當中，或者甚至沒出現？

也許會對您至今的生活方式及計畫提出重要的問題：出現了您在生活中至今未曾考慮過的需求嗎？哪些領域可以維持現狀？

每個需求總結都有自己的故事，是可喜和不那麼可喜的生活狀態下的各種生活體驗，因此請您再看看您的過往經歷！在您的童年及青少年時期，哪些需求在某些情況下已經沒有完全被滿足？您已經能坦然接受，或者依然察覺這些需求？戒條和禁令可能讓您陷入根本需求的嚴重衝突當中——正如我們故事中的主角們。為了解除這些衝突，您還是個孩子的時候，也許沒有適當的應對策略可用。表達不受歡迎的需求也可能帶來壞處，光是想到需求就足以讓人不安。

這麼看來，您已經根據各種可能性，求出最好的結果，調整自我適應環境。但代價可能是非自願地放棄滿足這些需求，它們原則上被列在較高需求層級上，尤其是自主和劃定界線，對發展獨立個性具關鍵意義——可能沒有被滿足。您的需求總結顯示出相關答案。

*

對您的根本需求的認識及其滿足程度，以及這些需求的重要性，都對您揭示您在生活裡真正需要的是什麼。這對您內心平衡具有根本意義。未被滿足的需求產生一再回返的緊張，我們的自我保護程式也費力運作，消耗許多精力。

現在您準備好發現您個人的大象了。下一章將協助您掌握下列各點：

- 看似平常的因素會和哪些受傷點產生對話。
- 在困境下，您對自己和周遭人士的形象可能改變。
- 您試著以哪些固有且通常無意識的自我保護程式來面對需求受損。

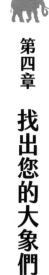

第四章 找出您的大象們

並非事物本身讓人們不安，而是對事物的想像。

——古羅馬新斯多噶派哲學家／愛比克泰德

現在您認識了自己的根本需求，並且知道您覺得哪些有所缺憾。本章主旨在於研究您內心的大象，有不同的可能途徑。您可能已經知道其中某些觀點，有些容易探索而得，又有些是您的意識難以觸及。您在自我探索的時候最好做筆記。我建議您起初局限在相關主題上，嘗試所有可能的途徑。這個方式之後不難轉用到其他蚊子與大象。

您看：需要一些精力才能辨識隱藏的大象，並且了解其意義。也許在第二章描述的情況中，您覺得至少部分似曾相識，因此可以從中獲得啟發。此外您將發現，每一個步驟也會照亮大象的其他部分，就像字謎一樣，已找出的單字字母透露其他字的線索。某個領域找出的解答可能在另一個領域引發頓悟的驚人體驗。

我們的關注焦點是被觸碰的受傷點。可惜我們通常不知道，我們在激動情況下最迫切需要的是什麼，亦即哪些重要需求受損或受危害，應該要加以注意。

接下來的圖表是個概略，顯示您能如何經由不同的途徑找到您的大象：

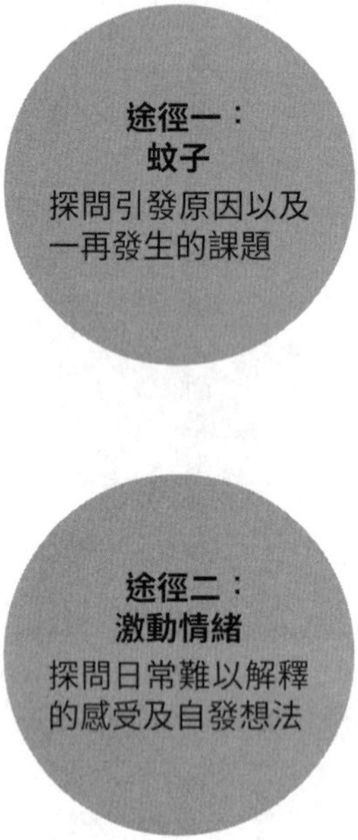

途徑五：自我及外界形象

特徵側寫——在棘手情況下對個人和他人的評估

途徑三：受傷點

確認和根本需求相關的易受傷性

途徑六：生命歷程

對根本需求在過去受損的記憶

途徑四：自我保護程式

認知僵化信念，以及在棘手情況下的行為模式

您的大象：如何找出通往大象的途徑

■途徑一：蚊子

為了找出哪些被誤以為是小事，卻像按下開關一般引發不悅的事項，下列表格列出一連串情境，您一定覺得眼熟。所描述的場景出自私生活和工作領域，端視周遭的人和您的親近程度，以及您以何種角色面對他們，您可能遇到不同的受傷點。

列表當然只列出一部分。請您在日常生活中觀察自己和周遭的人，寫下相關的筆記，然後您可以就個人情況補充列表。您在其中體驗到哪種感受，不管是憤怒、害怕、失望、羞愧等等，我們先不考慮，那是下一步。此處只評估您的情緒反應多強烈，以及／或者持續多久。

您的評估參考0到2的分數表。

0：您沒有經驗到特殊情緒。

1：您感覺到輕微而短暫的不自在。

2：估計您的情緒反應強烈以及／或者持續。

和他人的經歷

情況	強度		
	0	1	2
您想停車，另一個駕駛人搶先一步停到車位上。			
您受到電話廣告的騷擾。			
某人在演講場合沒有關掉手機。			
商店裡的銷售員給您錯誤的訊息。			
某項維修讓您不滿意。			
某人在您面前關上門。			
您已經預約卻必須等待一段長時間。			
您在擁擠人潮中被踩到腳。			
您還知道自己情緒反應的哪些引發源？			

和家族成員、朋友或熟人的經歷

情況	強度		
	0	1	2
您在談話中間，電話響了，您的談話對象在您面前講電話好一會兒。			
您的伴侶表達批評（例如在開車的時候說：「你開得太快／你不會停車……」或者煮飯的時候說：「用錯鍋子了」或是「不要放那麼多鹽……」）			
某人比約好的時間遲到十分鐘。			
您對伴侶提出一個問題，對方沒有反應。			
有個朋友忘記對您說生日快樂。			
某人對您不知道某事表示驚訝，因為對方認為那是常識。			
有個好朋友沒有和您聯絡，對您嘗試和對方接觸也沒反應。			
您沒有受邀參加一個較大型的慶祝會，雖然您原先滿懷期待。			
您還知道自己情緒反應的哪些引發源？			

工作領域的經歷

情況	強度		
	0	1	2
同事沒和您打招呼。			
您的主管提醒您一個粗心錯誤。			
有個同事對您提出一個苛刻的問題。			
您在討論當中正在說話，兩個同事卻低聲交談。			
出於不明因素，您沒有受邀出席您負責部門的會議。			
某人向您解釋您已經知道的事情。			
某人經常使用您不懂的生字。			
同事聊天，您接近的時候，談話就停下來。			
您還知道自己情緒反應的哪些引發源？			

您認為哪些情況令您生氣？您的情緒反應多強烈？要是您勾選了「2」，但在實際情況下，問題並不難解決，那麼後面也許隱藏著另一個課題，讓事情充滿情緒。這時您就獲得潛在大象的第一個指示。

請您記下，令您一再感覺激動的情況有何共通點，哪些課題一再重複？課題領域可能有許多種，好比：

- 來自外在的批評。
- 受到差別待遇的感受。
- 不遵守承諾。
- 被別人說教。
- 不同期望或看法的衝突。
- 吃虧的感受。

■途徑二：激動情緒

激動情緒後面隱藏哪些感受，對許多人而言並不容易探索。雖然德語當中有許多表達我們感受生活的語詞，我們在日常用語當中，卻通常局限在粗略的分類：這不適合我，我不能忍受，這打壞我的心情，讓我痛苦，或是惹惱我。有些人根本不需要說出口：他們轉眼珠，思索地搖著頭，做出防禦的手勢，出聲呻吟或嘆息，還是砰的一聲關上門。最後還有「字裡行間」的感受訊息，一些句子好比：「你終於到了，真好！」只能由語調得知說話者真的高興，或者其實感到生氣等等。

大部分的人沒有被教導或者沒有範例可循，未曾學到如何專注且細膩地運用語言來處理感受。特別不舒服的感受就像機器裡討厭的沙粒，指出這些感受是脆弱的象徵。但即使我們不想隨時正視它們：感受以及相關的需求一定程度上決定我們的行為。

感受是通往心靈生活最重要的途徑，警告我們何時有危險，以及不能持續而且毫無後果地加以壓抑。（不過我們要是嘗試這麼做，可能持續對我們的心情及身體狀態產生不良影響。）

探索您在棘手情況下的感受，您腦海也許會出現繼之而來的想法。好比說某人面對績效要求經歷擔憂的感受，可能擔心：「我永遠辦不到！」或者因為失態而感到羞愧，深信：「我在這裡再也見不得人！」或者對其他人粗魯的行為感到憤怒，想著：「這個惡霸！」為了找出大象，雙方面都必須仔細觀察：感受和想法。二者相互影響，互為根源——正如剛才提及的例子所顯示。

也許您在自己身上已經找出許多「蚊子」。那麼我建議您先想一下，所找出的引發源當中，哪一個最讓您困擾，哪個一再出現的課題對您顯得特別重要。

檢視根本需求的滿足程度及重要程度問卷時，您可能已經發現一個相關的課題。您決定一個課題之後，請您再次注意可能相關的日常情況。現在您自問：激動的時候產生什麼感受，以及這時我腦子掠過什麼想法？

並非一直都容易仔細辨別說出感受。也許下表能協助您辨識不舒服的感受品質，請補充您熟悉的感受。在棘手情況下，也可能有多種相互矛盾的感受浮現。過去的感受會被新的感受覆蓋，然後逐漸重新進入意識。如此一來能揭露和過去的需求缺憾之間的關聯。

感受生活有自己的邏輯，請您和這些想法交朋友，而非因為「不喜歡」的感受而批判自己。

在棘手的情況下我覺得……

傷心—絕望—失望—內疚—空虛
擔心—煩惱—憂心—羞愧—緊張
生氣—憤怒—被激怒—不滿—頑固
懷疑—嫉妒—無力—卑微—束手無策
極度厭惡—輕視—羨慕—噁心—排斥

請您將觀察記在一張紙上，寫下各種情況，然後在旁邊寫下您的感受如何，以及哪些自發想法與之相連。

您的課題：＿＿＿＿＿＿＿＿＿＿

	清楚或強烈的感受（強度 2）	自發想法
情況一		
情況二		
情況三		
情況四		

■途徑三及四：受傷點和自我保護程式

此時您可能已經知道，您一再產生的激動和哪個受傷點相關聯。線索包括：

- 隨著激動產生的敏感感受。
- 不同引發源的相似處（「總是發生在我身上，我……」）。
- 一再出現的感受狀態（「我經常覺得……」）。
- 您的自發想法出現的平行想法（「我的念頭一直環繞著這個課題……」）。
- 和過去需求缺憾的類似情況（「我又再次受到不公平對待」或者「我又不受歡迎了」等等）。

例如：

好比我們假設您認知到，您對批評或其他人的反應經常作出敏感反應，

●可能面對根本需求相關問題的時候，發現自己不夠被重視。
●被批評的時候，您經常出現這個想法：「我現在又做錯了什麼？」
●您可能一再感覺不如他人。
●您可能將就事論事的批評（不公平地）當作對您個人的批評。

如前文故事裡的事情可能發生在每個人身上，但我們個人的反應卻非常不同。因此您可以自問，您會怎麼想、怎麼感覺和行動，以及您可能需要什麼，才不會陷入負面的情緒裡。

當您想起某個故事，或者記起自己曾經歷過的情況，也許有些感受浮現，讓您感到迫切需要解釋，賦予這些感受較深層的意義。這時請您探索您的自我保護程式！這特別重要，因為您為了逃避或擺脫某種不舒服的感受所做的事情，通常雖然短期成功，長期卻對您不利。保護程式原則上不會滿足您的根本需求，長期下來您就無法穩定平衡。我們習慣避免不舒服的感受實屬正常，短期紓解的措施通常可以有些幫助。偶爾走走路，或是泡個熱水澡，以鬆弛緊張，或者在網路上、去電影院還是看電視，讓自己被引入其他世界，這些都是有效的儀式——只要我們不忽略重點。

如我們已經看到的，我們碰觸受傷點的時候，我們的自我保護程式相應地區分，是以逃避甚至避免還是攻擊加以反應。避免衝突以個人為代價：我們的需求沒有被表達，不少時候我們也會批評自己——修改一句諺語就變成：「你不想他人對你做的事情……你卻加諸自身。」或者我們改用攻擊方式反應：「……就加諸他人。」

在兩種情況下，我們某種程度上控制事態，我們做些什麼，是行為者——因此自然而然同時是加害者與受害者。其中也可能混合自我及外來攻擊：「要是你對我不好，也就不必奇怪我老是心情不好／喝酒／再也沒有自信……」

必須說明，不是每種反應方式都可以說是為了保護根本需求。動機完全可能比較不值得注意，好比將需求不滿足發洩在其他人身上，對他人產生同理心的意願低落，貫徹自己的利益，或者只是想施展權力。我在此也想再度提醒，即使保護合法的根本需求，也不能使傷害他人或自己的行為方式合理化。如此一來將逆轉保護思維，因為基本上比起守護值得保護的，這些行為會造成更多破壞。

自我保護程式

逃避或避免

- 把過錯攬到自己身上
- 想讓所有的人都高興
- 隨時為他人而存在
- 把自己的期望放在第二位
- 隨時對每個人都和善
- 不可以討厭地惹人注意
- 安撫
- 自以為渺小
- 轉身離開玩電腦
- 在網路上到處逛
- 焦慮地退縮
- 變換話題或顧左右而言他
- 裝作沒發生什麼事，或者視而不見
- 退縮到犧牲者的角色
- 抱怨疲勞或頭痛
- 貶低自我
- 低聲喃喃自語
- 只讓單一理性看法成立
- 做法像是自己一個人就能做好所有的事情
- 喝酒、服用鎮定劑或其他毒品

攻擊

- 怪罪他人
- 堅持自己的權力
- 只關心自己
- 不論任何代價也要貫徹自己的期望
- 貶低他人
- 說話大聲
- 煽風點火
- 教訓別人，或是貫徹原則
- 具攻擊性地漠然
- 堅持他的話題
- 要求立即澄清
- 懲罰其他人或動手動腳
- 讓他人出醜
- 大聲抱怨
- 堅持自己的感受是正確的
- 咄咄逼人地要求他人協助

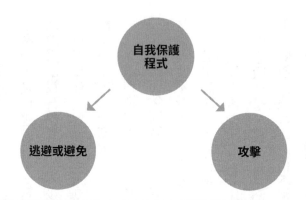

您從自己身上認出哪幾點？

思想、感受和行為取決於某個情況被相關人士如何看待和評估。下列您已經知道的故事可想像出各種變化，帶著有用的自我保護方式，而且沒有損及根本需求。我分別介紹給您三種，接著我將對您提出五個關於自我反思的問題。

對鄰居生氣（麗莎的棘手情況）

因為不同的生活習慣、價值觀或欠考慮，在與鄰居互動時發生的問題相信大家都熟悉。要是沒有寬容和理解，就有爆發衝突的風險——雙方都採取自我保護措施，正好能點燃爭執。「惡鄰不悅，虔誠之人亦無和平之日」，佛里德里希・席勒在《威廉・泰爾》當中就已經這麼寫著。

隨著麗莎的自發想法：「希望她相信不是我發出的聲音！」接著出現她反射式的抱歉反應。

三種不同的說法，帶著隱含的價值評判，比較不指向過去的傷害（先是自發想法，然後接著反應）：

1.「這樣攻擊我真不要臉。」↓「您大可以先問問，究竟是不是我發出的聲音！」

2.「天啊，現在發生什麼事了？」↓「您真的嚇壞我了！」

3.「根本不是激動的理由。」↓「不過鑽孔機真的會發出可怕的聲響，讓我想到我的牙醫。」

街道交通當中發生的爭執（史蒂凡的棘手情況）

空間不夠，下一輛車已經等著這個停車位，可能「聽風辨位」地駛離。有些人可能會想：不然保險桿是做什麼用的，但是每個人愛車的程度不同。

隨著史蒂凡的自發想法：「我可不接受別人這樣對待我！」，接踵而來的是他大聲抗議，以及長時間的情緒惡劣。

三種不同說法：

1.「有些人就是肆無忌憚。」↓沉默，生氣地搖頭。

2.「先看看發生了什麼事。」↓「我的車隨便就能抵擋這輕輕一推。」

3.「也許駕駛人什麼都沒注意到。」↓無論如何還是記下車牌號碼。

為了整潔發生的伴侶衝突（安娜的棘手情況）

不管襪子、報紙、早餐碗盤還是垃圾桶，伴侶關係中常見因此而發生的經典爭端，只要其中一方沒有完成工作，或者對於誰該做什麼有所爭議。通常事關不同秩序想像，很快地，一方覺得那是混亂，另一方覺得那像是強迫症。但經常被觸及的主題其實是公平、尊敬、重視自己的成就，對自己的角色不滿等等。不知怎地您覺得熟悉？

隨著安娜的自發想法：「我老是要跟在他後面收拾！」接著她的反應：吞下憤怒然後嘮叨。

三種不同說法：

1.「真是亂七八糟！」↓下一次她把他的襪子塞進他的公事包。

2.「他一定不那麼看重整齊清潔。」↓找個好時機，和他或是和好朋友談談這個話題。

3.「他一定又匆匆忙忙。」→稍微搖搖頭，然後立刻又忘了。

返家的期待（彼得的棘手情況）

誰沒遇過這種情況：晚上筋疲力竭地返家，滿腦子都是工作上的問題，只期望得到平靜。再也不要任何期待或義務！可能是無傷大雅的誤會，或極小的錯誤——好比伴侶的批評，就足以讓人失去控制。

彼得的自發想法：「現在她又開始嘮叨了！」他的反應：強調自己的疲累，退縮。

三種不同說法：

1.「我老是丟三落四。」→說自己很抱歉。

2.「她不知道我今早有多匆忙！」→解釋清楚發生什麼事。

3.「我每次回到家的時候，她總是心情不好！」→建議雙方坐下來，談談可能的問題。

和朋友的衝突（塞巴斯提安的棘手情況）

我們以為從他人的表達聽到弦外之音，其實對方根本沒有那個意思，這是很容易發生的事情。在我們自問之前，例如一起度假的朋友怎麼會給個這麼簡短的回答，我們早已被不舒服的感受追上，並且準備好一個說法。我們的詮釋可能相當誤導我們。

隨著塞巴斯提安的自發想法：「他們不需要我。」接著他的反應：沉默和退縮。

三種不同說法：

1. 「總是這樣，他們真的一直只關心自己。」→吝嗇，不放棄任何東西。
2. 「為什麼說沒兩句話？」→直接詢問。
3. 「我們大可先商量好。」→開玩笑地說：「我們大概得獨自享用煎牛排了。」

您會怎麼反應？請您就這些與您相關的情況回答下列問題：

- 您在相關情況下有何感受？
- 您的腦海裡出現什麼想法？
- 您會怎麼反應？
- 哪些僵化的信念引導著您？
- 自己的重要需求受到威脅了嗎？

無論如何，「激動情緒」是值得思索的。不少人一直嘗試保護自己，早已忽略生命中重要的是什麼。我們設想一下某些所謂「難相處的人」：和他們相處之所以如此複雜，乃是因為他們尋求保護自己的方式，會造成其他人受到情緒夾擊。基於他們的需求或易受傷性，他們處於高度緊張之中，行為主要遵循內在的自我保護程式，但這個程式卻不適合當前的要求。他們讓身邊的人難以劃定界線，因為他們的行為產生壓力，以符合他們的期望，這些期望卻不會被公開談論。如此行為的人藉著他們的策略，頂多只能達到短期效果，但是長期卻無法得到他們非常渴望的東西。馬堡心理治療師萊納・薩赫塞（Rainer Sachse）稱之為「功能失調互動風格」（也就是不能達到真正期望結果的做法），這種風格強烈限縮互動對象的自由，使他們無法表達自己的需求。在一份女性雜誌當中，這個主題以值得商榷的標題「情緒黑手黨的卑劣手法」被加以探討。文章談到，人們面對「情緒勒索者」該如何劃定自我界線，要是人們的行為不符合這種人的期望，他們就讓對方產生愧疚感。經由這般抹煞他人當然不得人心；想要彼此良好相處，必須嘗試讓雙方最重要的需求都成為話題。「情緒勒索」，也就是為了滿足自己的需求而強迫他人，其實是種不太有幫助的自我保護程式。

您對自己的受傷點和自我保護程式有何體驗？請您簡短地做個總結，最好一樣用紙筆記下來。

■ 途徑五：自我及外界形象

每個人或多或少都會意識到對自己的想像（自我形象），並且和其他人的想像（外界形象）相交流。人可能喜歡或不喜歡此一想像，他可能想：「我很可以」，「我其實應該不是這樣」，或者「我希望我自己是別的樣子」。實際和期望狀態可能或多或少有差距，並且依情緒而有所改變。如我們由前文得知，情緒不僅會以戲劇性的方式影響我們對自己及他人的想法，還會讓我們陷入一種身心整體狀態，讓我們在其中自覺像個孩子，啟動過去的基模或是一隻大象，自我及外界形象因此會變化，而且非常主觀。即使我們經常喜歡討論：「我就是愛整齊／一板一眼／懶散／敏感／嚴厲……」或者「人就是自私／不老實／殘忍／有崇高使命／比我能幹……」這些說法並不涉及「真實」，只是一種設想，主觀的想像，以一般形式而言無法驗證。

其中也有優點：這些設想替生活增加（不必要的）困難時，可以被改變。以我們主角的七隻大象來看，上述說法顯而易見。但為何某些人會對自己有那麼負面的想法，即使這種想法顯然對他不利？

自我及外界形象來自我們的經驗，不論正面或負面。它們越早對我們發生影響，烙印就越深，也越少能意識到它們，並且加以思辨。很少被傾聽的孩子會發展出一種信念，認為自己並不重要；另外有些總是成為中心的孩子會相信自己非常特別。期盼有個兒子的父母生了女兒，也許在孩子面前難掩失望，給孩子一種自己不受歡迎的感受。

相反地，在生命道路上，最重要根本需求被滿足的人，能對自己及周遭環境發展出恰當且正面的想像，因此面對生命的挑戰及負擔有良好的防禦能力。另有些人，他們的根本需求一再不被滿足，會傾向以過往負面經驗來看當前情況。自我及他者認知因此恰恰反映根本需求是否滿足——所以在我們的討論當中那麼重要。更有甚者：如果需求缺憾影響深遠，並且一再發生，人可能無意識地過著一種生活，在其中一再重複同樣負面但畢竟熟悉的經驗。例如，他選擇的對象會像過去的關係人，此人沒有滿足他重要需求。心靈存活的掙扎於是變成惡性循環，一再失落。

接下來的觀察，您可以局限在兩個問題上：

1. 在棘手情況下，當您的受傷點被碰觸，您對自己和他人有何想像？
2. 若您自覺堅強且有實力，身為成人覺得擁有完整能力，您怎麼看自己和周遭的人呢？

你已經仔細思考過問題一，因此在「蚊子－大象情況下」您不難自我評估。接著您找出一些所謂極性分布，相對的特點（或說極）標示出端點。請您勾出您給自己評分表上的哪個分數，亦即您在不同情況下，您認為自己表現出哪種特點。您能以同樣程序評估他人。如果您覺得對自我及外界形象還有其他重要特點，您可以寫在表格下端作補充。

極性分布

	1	2	3	4	5	6	7	
喜歡冒險								膽怯

1 表示您評估自己非常喜歡冒險
2 相當喜歡冒險
3 還算喜歡冒險
4 既不特別膽怯也不特別喜歡冒險
5 比較膽怯
6 相當膽怯
7 非常膽怯

您在棘手情況下的自我形象

	1	2	3	4	5	6	7	
受歡迎								不受歡迎
自覺								不安
有能力								難以親近
成熟								孩子氣
理性								不理性
珍貴								沒價值
被愛								不被愛
被需要								多餘
自主								被主宰
受重視								受輕視
自我主張								自我臣服
獨立								依賴
被保護								不被保護
靈活								僵硬
樂觀								悲觀
堅強								脆弱
平等對待								居於劣勢
受期望								不受期望
勇於衝突								畏懼衝突
開放								封閉
您的補充								

在棘手情況下，您對他人的印象

	1	2	3	4	5	6	7	
體貼								肆無忌憚
公平								不公平
樂於助人								自私
友善								不友善
珍視								輕視
細心								遲鈍
平衡								情緒化
親愛								無愛
給予								要求
可溝通								不可溝通
開放								封閉
可親近								難以接近
禮貌								不禮貌
霸道								屈從
充滿理解								無法理解
善意								傷害
寬容								苛刻
道德								不道德
給予自由								控制
建構								解構
您的補充								

下面兩個極性分布探索您的自我及外界形象，在您自覺完全擁有力量和能力的時候。如果您需要協助才能感到自覺，此處我想事先提供您一個小練習。有幫助的做法是您盡可能形象化您的許多長處，不論它們是否隨時能被您運用。如果您意識到自己的積極面，自然就改變了您的自我形象。您直接從中得知，您對自己和他人的想像確實只是可變化的想法，即使您的感受經常想說服您，您就是這樣，別無其他。請您嘗試想想一些場景，您在當中覺得自信，對自己感到驕傲，或是您達成某項要求而能拍拍自己的肩膀。您也可以問問對您帶著善意、親近的人，他們珍視您哪些方面，他們認知道您哪些正面能力。

接著請您比較自我及外界形象的描繪，同時考慮到您是否正好被碰觸到某個受傷點，以及您是否覺得完全保有力量。您也許發現，您的自我及外界形象依照情況不同而有所差異。這當然完全正常，卻顯示當根本需求受損，您對自己和他人的視角能變得多麼窄化以及負面。（雙重憤怒：感覺受傷，然後還貶低自己！）

在好的先決條件下，您的自我形象

	1	2	3	4	5	6	7	
受歡迎								不受歡迎
自覺								不安
有能力								難以親近
成熟								孩子氣
理性								不理性
珍貴								沒價值
被愛								不被愛
被需要								多餘
自主								被主宰
受重視								受輕視
自我主張								自我臣服
獨立								依賴
被保護								不被保護
靈活								僵硬
樂觀								悲觀
堅強								脆弱
平等對待								居於劣勢
受期望								不受期望
勇於衝突								畏懼衝突
開放								封閉
您的補充								

您的自我形象正面時，您對他人的印象

	1	2	3	4	5	6	7	
體貼								肆無忌憚
公平								不公平
樂於助人								自私
友善								不友善
珍視								輕視
細心								遲鈍
平衡								情緒化
親愛								無愛
給予								要求
可溝通								不可溝通
開放								封閉
可親近								難以接近
禮貌								不禮貌
霸道								屈從
充滿理解								無法理解
善意								傷害
寬容								苛刻
道德								不道德
給予自由								控制
建構								解構
您的補充								

碰觸受傷點時，在您的分布表中特別突出（評分1或2，以及6或7）的特徵，請您把它們記下來。

■ 途徑六：審視生命歷程

問起您的根本需求在兒時及青少年時期是否被滿足，您的記憶可能已經浮現雙親或其他人的一些場景，或是他們一再說出的句子，讓您經歷負擔或是限縮。這是一些不舒服的經驗，和您合理的需求背道而馳。許多人卻再也記不得他們在早期棘手情況下的感受。我們想想好比塞巴斯提安：他的弟弟誕生的時候，塞巴斯提安才三歲，他有如被推下王座。當時他可能會有什麼感受？雖然他在治療當中也摸不出頭緒，但當時的照片呈現他哀傷的眼神。此外，在他詢問之下，雙親告訴他，他經常折磨他的弟弟，因此受到斥責，或是被送走。兩種感受，亦即悲傷和憤怒，都不符期望，還加上父母指稱，身為較年長的他應該理性，他的感受被視為不恰當。他的父母不和他討論他的感受，他們因為他的憤怒而懲罰他。非常可能他當時也感覺到對父母的怒氣，後來必定加以隱藏。餘下的是良心不安，以及擔心再也不像從前歸屬於這個家庭。

壓抑原始且在過去情況下適當的感受，這是最早的自我防護措施之一。對我們而言，理解壓抑感受（出於害怕或羞愧）的過程非常重要，因為我們在這條路徑上可說失去它的蹤跡。

這對您的蹤跡追尋有何意義呢？

我們的目標是找到問題的答案，質問我們在某個情況下真正需要什麼，而在這個情況下，我們會因為假定的小事失去平衡。我們的直接感受，閃過腦海的想法，以及得知受傷點的存在，指出相關根本需求——正如我們前文所見。另外一個，同時也直接得多的途徑，是透過對童年或青少年時期原始負面經驗的記憶，喚醒內心的這種經驗，在許多年後當然不容易，以其本質而言也並不愉快，甚至常是痛苦，因為當時情況下如此迫切需要的依舊有所欠缺。

普遍而言，每個人允許感受浮現並且仔細區分的難度不同。有些人根本不習慣注意感受，甚至覺得它們原則上擾人，又有些人的反應常常十分情緒化。在許多家庭當中談論感受並不常見，相應地也就沒有獲得這種能力。

如果您願意，您可以回到您生命過往的教育道路所在之地，您的雙親在那裡一再釘上嚴格的指示牌。這意味著，您可能必須一再重複聽著某些句子，或者承受非難的姿態，讓身為兒童的您沒有選擇，只能承認自己微小，或者透過您的反叛將正確的變成不正確的。害怕、羞愧、無助、不平、憤怒或孤單的感受是可理解的後果。

因此請您將過去的需求表（平均值）拿在手上，檢查哪些重要的、在過去沒有得到滿足的需求會最適合您選出的主題。下列問題能協助您更仔細區分和原始感受生活相關的根本需求。端視哪些受傷點在今日遇上一再發生的小事會出現，您可以探詢好比是否有些情況，在其中——

- 您覺得自己不受重視。
- 您擔心被離棄。
- 覺得自己未被公平對待。
- 您不被理解。
- 其他人作弄您。
- 您曾需要雙親的支援和支持。
- 您自覺受到的處罰太嚴格。

● 您曾一度很想嘗試做些什麼，要是您的雙親沒有嚴格禁止的話。
● 您的雙親不尊重您的意願。
● 您寧可避開雙親？

這些問題只是激發您個人的回想，個人經驗太過多樣，無法在本書一一談論。

如果某個經歷讓您覺得太痛苦，請不要折磨以及強迫自己。請您寧可選擇一個較無害的情境，不會對您造成過度負擔。無論如何，只要您能清楚歸類您的感受，不必然也沒有意義去密切重溫過去傷害，既沒有益處也難以忍受。此外還有晉升到閱讀自助書籍的方式，以處理深層心靈傷害（好比因為身體或心理虐待）。您在童年所處棘手情況下的原始感受，和今日您在蚊子出現時的感受是否一致，這是觀察重點。如果答案是肯定的，那麼您可直接得知之間的關聯。請您接受這個感受，而您明白這個感受在當時完全合理！沒有道理為了過去某種感受，到今日還感覺惡劣或羞愧，還出現早期困窘情況下的感受。認知過去的感受是好事，因為有助於正確加以區分。您可以讓自己意識到，如今您身為成年人所擁有的可能性，已經不同於當時那個無助的孩子。但如果回顧也沒有出現清楚的感受，您可以將過去在沮喪情況下對您有益的部分即時化。

接著請您給這個需求一個名稱。這是您藉著根本需求表所推測出的需求，還是您現在能精確點出或補充的需求？您這時不須遵照現有的表格，請您自行選擇用字！也許您發現多種需求，它們可能難以互相達成一致。某項指示可能是矛盾的感受，例如對不公平對待感到憤怒，同時又害怕失去庇護。您當時如何反應，您身為孩童真正需要的會是什麼？請您將這（些）需求記下來。

*

您對自己的大象的印象已經完整，已認知心靈困境。現在要將某些建構性的東西放在對立面。下一章的思考和練習幫助您逐步重新找到內心平衡，主旨是：

● 緩和過去的傷害。
● 以適當的處理模式替代過時的自我保護程式。
● 修正您對自己與他人的窄化印象，使之與您今日的能力達到一致。

您也可以找出其他可能性，以增加關注您的（及身邊的人的）根本需求，進而改善您的需求平衡。最後：生活越滿意，就越不容易受到心理壓力的侵襲。

第五章　重獲內心平衡的途徑

我沿著街道走著，那裡有個深深的洞，我跌了進去，我迷失了……我失去希望。那不是我的錯，花了無數時間才從洞中爬出。

我沿著同一條街道走著，那裡有個深深的洞，我又跌了進去，我不敢相信，又在同一個地方，但這不是我的錯，又花了極長的時間才爬出來。

我沿著同一條街道走著，那裡有個深深的洞，我又跌了進去——出於習慣。我的眼睛張開，我知道我身在何處，這是我的錯，我又立刻爬了出來。我沿著同一條街道走著，那裡有個深深的洞，我繞過這個洞。

我走上另一條街。

——藏傳佛教上師、作家／索甲仁波切

即使它們沒有造成我們的負擔，還是會傷我們的心：我們隱藏大象的種類。它們似乎只有不好的特質，至少我們覺得這些特質讓我們：

- 窄化視野（我們的自我及外界形象）。
- 受傷（損害我們的根本需求）。
- 僵化（我們的自我保護程式）。
- 出現傷口（在我們心靈某個特定點）。

但是，當我們已經認知這些大象，牠們又該變成什麼？

首先，看得見的大象和隱藏的不一樣。我們在前面幾個章節關注隱藏的大象，並且從各面向照亮牠。如今牠已不再是模糊的圖像，而是有著清楚的形體。透過自我觀察及問卷的指引，您可以找到通往牠不同部分的途徑，這些部分的整體解釋我們何以出於細故而激動。

因此我們將可見的大象理解成聰明又強壯的動物，牠知道危險何在，知道如何適當地自我保護，在棘手的情況下向您顯示，您真正需要的是什麼。

如果您至今出於可理解的因素依然嘗試驅逐牠，從現在起您會歡迎新形體的大象，有著莫大益處的有用巨獸！請您為牠貼上一張對您別具意義的標籤（例如重視、重要、關注、界線或自主等等），這會有助於您在日常生活中認出牠來，給予牠應得的關注。您越是以適當的行為滿足您的根本需求，您就越發現資源從中而生，這是您在棘手情況下可能需要的資源——您體驗到向上的螺旋。

每個改變的步驟必然從設定目標開始，向來卻不是那麼容易。美國作家芭芭拉・雪兒（Barbara Sher）有本讀者眾多的自助書，書的副標題是〈……我要是知道自己要什麼就好了！〉對有意義的目標設定感興趣顯示，許多人顯然沒學到給予他們自己的需求足夠的重視。

您這時卻已經超前一大步，至少：

- 您已經看到更加自重這個目標，亦即專注地處理受傷點。
- 您能辨識哪些根本需求對您重要，它們被滿足到何種程度。
- 可以從您的精力圖看出，您能提升舒適感，只要改變您的精力分配。

最後兩點為您內在平衡創造良好基礎，以及結果是您將來比較不需要為小事而激動。我們會在本章最後探討以上各點。

我想先從您變得可見的大象，以及通往大象的六個途徑開始。針對您在這個領域可能遭遇的問題，我將指出解決方式。

將途徑變成目標想像

通往您大象的途徑	目標想像
途徑一及二： 蚊子和激動情緒	更從容面對蚊子
途徑三及四： 您的受傷點和自我保護程式	尊重您受損的根本需求：適合情況的思考和行為，能有助於滿足需求
途徑五： 自我及外界形象	正面的自我認知和他者的真實認知
途徑六： 過去受損的根本需求	不帶憤怒的和善回顧

蚊子於是也會變成原來的樣子：小而無傷大雅的害蟲。

在閱讀本書時，您曾停下來，轉到觀察者的位置，反思想法及記憶，認知感受，或者只是讓自己意識到根本需求，而且這些根本需求合理存在。觀察的時候，人會自然而然向旁退一步，取得距離。您的觀點和行為空間因此就已經稍微拓展了一些，您越是思辨問卷及評分表，您能從本章獲益的機會就越大。

再也不怕被叮：更從容面對蚊子

「噢，老天爺，你就不能小心一點！」每個人都能理解這種大叫。如果不小心碰到他人尚未癒合的傷口，或許也會立刻向他人道歉。碰上心靈的傷口或傷疤，我們原則上卻不會大叫，反而嘗試隱藏我們的脆弱，本能地以各種方式保護自己。正如我們由許多例子得知，這麼做總是走進死胡同。也許您本人會想到一個通用且有效的家用良方，亦即突然情緒激動時，先深呼吸，然後在心裡慢慢地數到十。這麼做已經算是方向正確：放鬆身體，藉著數數贏得時間距離，這是通往內心平衡的一小步。

也許您有興趣，為了您的舒適感做做以下的練習：

在接下來的兩個星期當中，請您刻意地關注所有正面的日常生活經驗。可能會是小小的成功經歷，放鬆的時刻，良好的感受，感官經歷的喜悅，愉快的驚喜，您為某人做的小禮物，或者是您收到一份小禮物，一聲讚美。請您將這些正面經驗和某個訊號相連結，好比內心簡短的一句話（好比：「我喜歡這樣」），或是哼那首歌〈Don't worry, be happy〉。一個小動作（例如搓手），或者一個感官刺激。非常有效的是香味，好比您喜歡而且一直放在身邊的香水（香水瓶或是灑在手帕上）。香味能發揮平靜的效果。請您就拿著這個香水，當您正好覺得舒適，就放到鼻子底下，然後深深吸進去。香水（也可以是內心的句子，或是雙手的動作）就會和正面經歷產生連結，變成美好時刻的記憶訊號。我能實驗性地證明其效果。以香水記憶美好經歷，這是對抗蚊子叮咬的有效方式，我們立刻就會看到。

緊急棘手情況下的七個建議

受傷點被碰觸的時候，您應該注意什麼？心理治療師蓓爾貝・瓦爾德茲奇（Bärbel Wardetzki）在她的著作《沒那麼容易冒犯我！》整理出像是這類情況的急救箱，其中的工具被納入下列七項一般建議。接著您還會認識更特殊的解決方針，分別對應您大象的個別觀點。

1. 您刻意認知內心正發生什麼，把您的感受用語言表達。例如您對自己說：「對，眼下我被冒犯，或讓我感到不安。」

2. 您試著稱許當下出現的感受。您不必立即能夠做出「理性」反應，並且控制情緒。如果您能製造一點空間，不必傷害他人，也無須害怕他人把您的爆發用來對付您，會非常有釋放效果。請您避免想報復他人。與其說出斥責的話，寧可說些沒人聽得懂的東西，如果您知道一些，好比異國外語咒罵，或是強調說出：「哈布巴拉卡欽巴（註：沒有意義的字串）！」足以讓人困惑卻不會讓人討厭您。要是有人詢問那是什麼意思，您可以回答好比：「只是斷片。」幾乎沒人會懂這是什麼意思，卻又有字義，因為它意味著「中斷」。

最初的情緒波動之後，您可能還察覺到其他「檯面下的」感受。在比較容易表達出來，並且讓您顯得沒那麼輕易受傷的憤怒後面，可能隱藏著哀傷或害怕。這些被覆蓋的感受通常指向被認知的根本需求損害。您接受一種感受，您就和自己維持連結。心靈疼痛為什麼就不該如身體疼痛一般合理？

3. 請不要對自己做出過高的要求，例如在獨立性或耍酷等方面。您主要是您自己——請您就這樣接受自己，您之後還能隨時對自己下工夫。

4. 最初的爆發之後（或者內爆），硝煙散去，請您試著向旁跨一步，思考剛剛究竟發生什麼事。您也可以如字面所述：稍微來回走一走，或是走出房間，如此一來您就離開緊繃的場域，避免不必要的失控情況——當然只在您向對方說明，您暫時需要一些距離，而非直接把門砰一聲關上的條件下。或是您把舒適香水拿在手上，稍微閉上眼睛，深深吸入香氣，想著您感覺舒適的時刻。

如果您已經很熟悉您的大象，知道您在棘手情況下需要什麼，根本不會發生較嚴重的失控情況。請您不要等到完全被熟悉的受傷感籠罩，而是快速地——友善且堅定，說出您想要或不想要什麼。

例如：「我現在不希望被打擾！」還是說：「我非常在意這件事，請不要開玩笑！」或者：「這對我太重要，不想在這裡隨便說說！」或說：「我不確定您真的已經理解為何主要和我有關。」

5. 請您思考，任何一個人引起的激動都牽涉到兩個人：沒有人能單方面負責。如此一來您能擺脫無益的受害者－加害者標籤（「你老是踐踏我！」或者「你從不曾認真對待我！」還是「你覺得對我做什麼都無所謂！」請您反省自己和對方的涉入部分，並且承擔起責任——這是明確獨立自主的訊號！

6. 您對過往的自我保護措施非常熟手：請將您的注意力放在解決導向的替換想法，好稍微抵消僵化的信念。有哪些替代想法是我們接下來要探討的部分。請您放掉過時的、對您無益的行為模式。請您以開放心態取代逃避，以澄清取代盲目攻擊和指責。

7. 和您的感受及需求保持連結。想想自己的長處。一切加總就能提高您的自尊心——受傷時，您最重要的根本需求！

此處要提出一些批判性的註解：

在某些情況下，處理自己的感受和需求時，建議您要謹慎：雖然認知並尊重根本需求一向有其意義，但也有些情況，要是我們表達出真正的需求，並不能期待被理解。有些社會領域，訴求根本需求會違反團體規範，（可惜）原則上發生在工作領域。在同仁、上司或顧客面前表現出感受，或是表達個人需求，通常並不明智，因為會被視為弱點。我們很少因此獲得重視，反而陷入風險，在競爭當中，這種坦然會被用來對付我們。有些人刻意追求好處，試著打擊他人最脆弱的位置，好藉此詆毀他人以獲取自己的利益。面對這樣的人，您應該隱藏弱點，才不會提供他們攻擊面。

再者，每個人的根本需求可能相互衝突，或者只能以犧牲他人的根本需求來滿足自己的需求。迫切追求自主就有壓迫他人的危險。或者請您想一下對歸屬感的需求：不少時候是以排擠他人才得到滿足的一種需求。「專屬」這個頗具廣告效果的字眼，它的意義就是把某些人定義為不屬於其中，才創造出自己的歸屬感（自覺屬於一個獨特的圈子，住在尊貴的住宅區，擁有一本他人沒有的護照……）。

有時一些需求只是表面得到滿足，友善並非出於本心，而是有其他目的。好比請您想想常在社會生活中被吹噓的所謂顧客取向：身為顧客應該感覺舒適，甚至成為國王。售貨員也許根本不在乎顧客或其家人的嗜好，他的目標只有賣出他的商品。這類「誘惑者」也可能出現在私領域。我們被操縱，好讓我們發展出舒適感及信賴，目的卻只在讓我們滿足其他人的期望。

或者我們會遇到某些人，他們完全不在乎我們的感受，或者缺乏敏感性及同理的意願。有些人確實就像他們表現出來的那樣：自私、缺乏感情、不禮貌、情緒化、封閉或苛刻。不管他們是否以此保護自我，我們不需要真的關心，因為我們自己有夠多的事要做，好面對他們武裝起來。因此您所認知的並非全部都被過去的基模所扭曲。請信賴您對人的認識，以及您的觀察，在懷疑的情況下加以詢問，其他人究竟是否關心雙方彼此感覺自在，或者對方只重視自己的利益。向狼敘述我們的保護需求，對牠的飢餓表示理解毫無意義——狼還是會吃掉我們。

重視基本需求：適當的問題解決方式取代過去的自我保護程式

要是身邊所有的人都以我們的需求當作行為依歸，當然會是非常美好的事情。有如身邊的人胸前都掛著托盤，我們只要接受服務：「現在我想被認真看待、被愛、被重視……」這個想像頗為誘人，有這種期待的人，卻容易走進死巷子：愛、歸屬感、重視、安全感以及其他根本需求無法索取而得。即使雙親或伴侶在壓力下滿足某個期望，如果心不甘情不願，只會讓重要核心迷失。也要思考，以這些要求會落入過去的依賴狀態，違反了對自主性的更高階需求。

比較有效的是調整自己的溝通和行為，以提高滿足我們的需求的機會——同時根本上促進自主追求。

如我們前文所述，我們發生心靈困境時的自我保護程式是很快就過時、自發的緊急情況程式，或許讓我們沒時間停下來，專注地和自己相處，認知長期有益於我們內心平衡的目標。我們雖然察覺危險，卻試著迴避不舒服的感受，而非探索有意義的解決方式。有句諺語「知道危險就驅離危險」並不完全正確，可以再加補充，好比「知道危險，採取好解方，危險才被趕走」。

面對您的受傷點時，您如何找到良好的問題解決方式？雖然不容易改變陳舊的思考及行為模式，但是您可以將下列建議當作指導方針。您已經常見的有兩點：

1. 請您注意自己的感受，即使不舒服——的確是相當困難的練習，因為我們總嘗試反射性地擺脫它們。在棘手情況下請接受自己正好遇上一隻大象。即使困難：請您肯定自己的感受如憤怒、害怕或羞愧，它們可能在最初的激動之後浮現。接受現況是改變的第一步。

2. 您尊重您的需求，也尊重他人的需求。藉助問卷和測驗您可以讓自己看清楚，知道您真正需要的是什麼，這是追尋目標的根本。

之後還要加上兩個方向：

3. 您檢視僵化信念在當前情況下是否適用。
4. 檢視您的自我保護程式的優、劣效應，發展出替代的問題解決方式。

最後這兩點符合通往大象的途徑四，我們現在要更仔細加以觀察。

■ 檢視根深柢固的信念

您之前已經記下，哪些根深柢固的信念操控您的自我保護程式。您認為這些信念在任何情況下都合理而且深具意義嗎？或許不是，因此值得檢視這些可疑的路徑指標。

接下來有個小小的團體遊戲或許能帶來樂趣：

> 請您將嚴格訓誡字眼組成一個句子，另外把傳達生命喜悅的字眼串成句子。在家庭或朋友圈子裡把它變成一個小遊戲：一個人從嚴格訓誡句子開始，下一個人造有趣的句子，隨便用剛好想到的字眼。

好比「懶散是所有惡習的開端！」——「懶散多美好！」——「不能做不理性的事情！」——「沒有冒險就沒有樂趣！」——「生命不是舔棒棒糖！」——「甜食不過是罪惡！」——「一切都要貫徹到底！」——「掌握生命！」——「必須隨時做到最好！」——「碰上慶典就慶祝吧！」

您比較快想到哪些句子？或許對立的「生命智慧集」能讓您更輕易完成下列功課。

請您選擇對您的自我保護程式有關鍵意義的僵化信念，然後加以檢視。有個方式可運用所謂的「蘇格拉底對話」，以此為基礎，由問題引導，以邏輯與合乎現實的觀點來照亮思考模式。如所周知，希臘哲學家蘇格拉底並不說教，而是以尖銳的問題刺激學生運用理智。這個方式有莫大益處，我們不需要依循「專家意見」，而是自行找出對自己正確而有益的答案，自主思考和行為因此被強化。請您就依照這個原則，和自己進行一場內心對話。

請您用下列問題檢視一下「決不可放棄！」這句話：

1. 您有多相信這個想法的正確性？請您在0到100中間選出百分比。
2. 您從何處導出這個信念？您發現它適用的證據嗎？
3. 有任何跡象表明此一信念只有在某些情況下才適用嗎？
4. 如果您不注重這個信念，您最大的恐懼是什麼？您估計這個最糟糕情況發生的機率有多高？
5. 若您遵守這個老舊的信念，有助於增進您的舒適感受嗎？如果有，具體而言對您有何益處？如果沒有，新的信念會有何益處？請您寫出一些可能性，讓您的感受決定，改變以後的觀點是否有助於解決問題。
6. 現在，您有多相信原先想法的正確性？（0—100％）

請寫下您的答案，蒐集起來，您在本章將繼續思考新認知的長處，以及有益的信念。

針對第五個問題，我們先來看左邊的表格，注意我們的主角採取了哪些修正行動。

	過去的信念	新的信念
麗莎：	「我無法忍受某人對我很兇，我失去喜愛和認可。」	「不要求每個人都喜歡我。」
史蒂凡：	「我總是要自我防衛，否則就不會被認真看待！」	「我知道自己能做什麼，知道我的價值何在。」
安娜：	「我必須將我個人期望放在第二位！」	「我的需求就和其他人的需求一樣重要。」
彼得：	「我對妻子的不滿有責任！」	「我不是所有事情的完全負責人。」
塞巴斯提安：	「我只在有所貢獻時才被需要。」	「我的價值不僅取決於我的貢獻。」
席碧樂：	「謙讓是種美德。」	「我坦然捍衛自己的需求。」
馬庫斯：	「不需要任何人最好。」	「開口問不用付錢，畢竟也有樂於助人的人。」
您本身：		

■ 替代的問題解決方式

為了找出更好的解決方式，再次保持距離來觀察棘手情況有其意義。您因此自動地採取另一個觀點，因為您在回憶的時候不再感覺到急迫威脅，因為時間距離讓您能實驗不同的觀察和解決方式（請同時參考第四章對大象的不同反應方式）。

新的觀點開啟新的解決方案：

請您先蒐集所有解決想法，任何想到的事情，先不要考慮是否能實現。最好是和您親近的人一起做，因為另一個人能提出自己的觀點和點子。請您接著選出第一，符合您個人價值系統（問題：「我能因此產生自我認同嗎？」），第二，對您意味著新處理方式的論點。

好比麗莎認為這麼做是好點子：在被打擾的第二天去按鄰居的電鈴，不帶責備，只為了清楚說明個人情況，她被對方的怒氣勃發嚇到什麼程度，以及良好的鄰里關係對她有多麼重要。

但是採取行動之前，事先想像可能的過程有所助益（某種程度的內心試行）。這是用來作準備，降低恐懼，以自己的感受檢測效果。

心理協調

請您想像您在蚊子裡遇見大象的一切細節：其他人做或說了什麼，您在其中察覺到什麼「言外之意」？您感覺如何？您採取何種行動，有什麼效果？問題因此解決或者惡化？若是惡化：情況因此失控，或者形成惡性循環了嗎？

在您試出新的行為方式之前，請您聚焦在您的長處。或者您把自己曾經控制好的棘手情況拉到眼前。以您全部的資源，您現在心理上能進入棘手情況，實踐新的行為方式。必要時請自我打氣，輕聲或大聲地自我提示：「我可以／我有權力／我不會隱藏／我勉強其他人做……」

請您在腦子裡採取自信的身體姿態，雙腳貼地站穩，面對他人選擇適當空間距離。現在您的舉動符合您新的解決方案，感覺如何？您的談話對象會如何反應，您對這點有什麼想法嗎？請您以清楚感覺放鬆來結束想像的場景。現在您理解自己的真實需要了嗎？無論如何您給予自己一些東西，好比您真心行動，或是證實自己的勇氣，討論衝突，以及冒著至今避免後果的風險等經驗。

實踐測試

這時請您思考，您在想像中演練過一次的行為，要如何能以行動實踐。

請您寫下三種情境，依照您的經驗它們會造成困難，接著您以困難程度加以分類。有個場景您剛才已經演練過了，請您在實踐測試時從最簡單的開始！您可以等待直到您再次遇到假設的蚊子，或是您選擇一個事件，而您並不滿意事件的結果，走向他人，試驗您新的思考及行為模式。

您因此感到滿意嗎？您可以為自己獲得哪些正面結果？您從中學習到什麼？某些細節還可以改善嗎？請您繼續試試小變化——受到您善意的內心對話的強化。請您也珍惜小成果：自我讚美聽起來不錯，嫉妒的人才覺得刺耳。

正向的自我形象和他者的真實形象

為了擁有正面的自我形象，童年和青少年時期所接受的愛及重視當然是豐饒的基礎，相反的是經常被批評或貶低。端視我們經驗了什麼，我們接受自己的難易程度有異。我們有些特質是那麼熟悉，我們對它們的體驗有如它們是我們個人的固定組成部分。但是它們一向以後果為基礎，由經驗導引而來，對當下的益處可被檢視。

當您觀察您的大象會明瞭，根本需求受損的時刻，自我評估會如何改變：人突然自覺比平常脆弱，容易受到攻擊，其他人感覺比較強勢且具威脅性。但當您意識到自己的長處和能力則有所不同：您會雙腳堅定站穩腳步，沒有理由懷疑自己。這個區分的意義重大，它讓我們明白，我們不是這樣或那樣的人，而是我們對自己的看法本身取決於我們各別經驗及體驗背景。要是我們想穩定我們的平衡，我們可以這麼做：與其因陳舊、窄化的自我及外界形象而動搖，我們將注意力轉移到我們的能力和資源上，它們原則上能為我們所用，但是主觀上在某些情況下像消逝了一般。

一切又再度環繞著這個問題：我們在暫時的心靈困境下需要什麼，以及我們能為內心平衡做些什麼？

您還記得您的極性分布，一方面在容易受傷的狀態下，另一方面是您意識到自己的長處（請參考第四章）。請您對此回答下列問題：

1. 比較之下，哪些特點產生最大差異？
2. 您在可以運用長處的情況下，哪些長處是您在棘手情況下感覺最缺乏的？
3. 就適當問題解決方式，對自己和他人的哪些觀點有幫助？

德國基森市心理治療師雷娜特．法藍克（Renate Frank）的工作及研究重點是「舒適感與生活品質」，她提出一系列練習建議。這些練習以變化形式補充我們的主題，納入下列建議當中。藉助這些練習，我們可以：

1. 意識到長處。

2. 練習這些長處。
3. 排除曾經歷的「弱點」。

■ 認識自己的優點，運用這些長處

針對這一點，您已經用您的正面極性分布做出一些總結。請您用選定的重要正面特質補充下列句子，然後大聲念給自己聽：

「我感到高興和驕傲，因為我……」

可能需要稍加克服，但經證實有助於改善情緒，就試試看吧！提出「正向心理學」概念的憂鬱症研究者馬丁・賽里格曼（Martin Seligman）和他的同仁克里斯多佛・彼得森（Christopher Peterson）列出二十四項人類共通的長處，應該有助於您找出其他長處。雷娜特・法藍克將這些共通優點分成六大基本人類價值：

- 智慧與知識（長處：好奇、喜歡學習、判斷力、創造力、見識遠大）
- 勇氣（長處：勇敢、堅忍、誠摯、興奮的行動魄力）

● 人性（長處：友善、愛及連結能力，社交智能）
● 正義（長處：社會責任、公平、領導能力）
● 節制（長處：原諒的意願、謙遜、謹慎的聰慧、自我控制）
● 精神性和昇華（長處：對美及神奇事物的感知、感恩、希望和信心、幽默感、信仰性／精神性）

並非所有這些價值或長處都會被您個人放在心上，因此請您選出對您顯得重要的幾項。將這些您已經擁有，或者您想練習並持續啟發的長處，填寫到您各張評估表上（請見第190頁：在好的先決條件下，您的自我形象）。

請您選出三項您最大的長處。請您思考如何能將之以具體行為貫徹！好比說：

● 好奇：請您試試您早已感興趣的新事物。
● 友善：當您注意到他人的正向行為，請您說出讚美的話。或者您對常被當作理所當然的事表示感謝。

● 美感：請您多在書桌上擺束花，或者偶爾在平常日子的晚餐桌上點個蠟燭。

請您刻意將這些長處用在生活各方面：在工作領域、家庭、伴侶關係、朋友圈、做休閒嗜好的時候。請您早上就考慮，您今天需要用上哪些優點，而且能夠發揮這些長處。請您在晚上回顧一下，您的行為帶來哪些效果，稱讚自己。

藉助這類練習，您增強自信和信心，也能掌控困難情況。

■ 排除曾經歷的「弱點」

相關的是那些您在棘手情況下可能很需要的特質或能力，但是經常奇怪地喪失。您想擁有哪些長處和能力？或者您承認自己的弱點，也願意接受它們？接受弱點也是一種長處。寫下您的新認知。

您如何發展新的長處？

您的自我形象觀點如果不合乎您想要的樣子，特別在碰觸到受傷點時影響您，那麼修正這個自我形象有其意義。

原則上適合進行相輔的兩步驟：

1. 檢視您的負面自我形象的實際性和益處。

2. 接下來您先在簡單然後在棘手情況下，試試新的行為方式，如您在修正僵化信念已經學到的。

針對第一點：對我們無益的想法，值得進行實踐檢測。畢竟每個人自行決定怎麼看自己。我們假設一下，某人的貢獻受到批評，因而覺得個人被貶低。碰觸到受傷點時，他也許自覺無能。他自發想著，我必須或能夠知道某事。他甚至可能有種僵化信念，為了被認可決不許犯錯。鑑於這類標準，他的失敗感早已注定。

我們假設，您本身知道這個問題，甚至不覺得不尋常。您覺得某個批評攻擊您的能力。為了檢視您是否真的需要把某個批評當作針對您個人，您可以跟隨下列問題的指引，以蘇格拉底對話方式的精神：

面對批評時的自我形象

1. 被批評的時候，您有多相信這個批評的合理性？
2. 這一刻您有多相信，這個批評指的是您個人的失敗？您從何處導出這個信念？您真的自覺無能嗎？
3. 有任何反證，也就是您具備能力的證據？
4. 您真的必須毫不犯錯嗎？如果是，為什麼，如果不是，為什麼不是？
5. 您最害怕什麼？正在批評您的人真的覺得您沒有本事會怎樣？對您而言，這是您根本無能的證據嗎？如果是，為何？如果不是，為何不是？
6. 您明天、一週內或一個月內還會想著眼下的這個批評嗎？
7. 這個批評透露出批評者什麼嗎？他可能處在壓力下，正尋找禍首，或者他想高你一等？
8. 這個批評有建設性嗎？如果有，對您有用處嗎？如果沒有，您要如何反駁？

從您的答案，您可能發現不理性的思考模式。也許您太快下定論，好比：批評代表對方不當我一回事。或者您找出您對自己設下的高標準要求。或者您立刻把批評當作無法改變的個人災難吞下去，未曾思考這個批評究竟會有何影響。

現在請您寫出新的、合乎您能力的想法。請您試著找出立論點，足以反駁過去的特徵標籤，並支持新的想法。請您依循下列的例子：

過去想法：「我無能。」

新想法：「我知道自己能做什麼，我可以犯錯。」

強化新想法的考量：

- 任務非常複雜。
- 時間壓力大，可能發生錯誤。
- 重要資料沒有提供給我。
- 我需要更多支援。

- 批評並不合理，因為……
- 沒有人不犯錯。
- 我被委以任務並非毫無來由。
- 我做的事情大部分都成功。

請您檢視，當您說出新想法的時候有何感受。您覺得如釋重負了嗎？如果沒有，請您找出其他句子，受到批評時，在心裡說出這個讓您確實覺得好受的句子！例如：「我接受能幫助我成長的批評，否則就是沒價值的批評。」或是：「要是某人對我有意見，就應該清楚說出來，而不是用這種方式包裝！」或者：「這個批評雖然合理，但是只符合一部分觀點，我因此並非完全無能。」

現在請您再次評估這個批評的合理性和影響範圍。如果您覺得新的評估讓您擺脫負擔，您也可以改變起初的信念。請您用筆寫下這個結果。

按照這個模式，您也可以檢視其他評語，您在棘手情況下對這些評語產生窄化和不好的經歷（請參考第187頁）。請您選出有利於掌控情況的相關評語。也許您擁有的長處比您意識到的更多（請見第190頁，您的正面自我形象）。藉助蘇格拉底對話的方式，您可以檢視所有關於自己的窄化想法，以較適當的自我評估取代。

您也可以對他人形象提出同樣的問題，他們在棘手情況下和您站在對立面。我們假設您覺得前面例子當中的批評者高傲、傷人或不體貼。

被批評時，您的外界形象

1. 您有多相信，這些特質真的符合對方形象？
2. 您從何推論出對方是這樣的人？
3. 對方的行為有其他解釋嗎？
4. 如果有，這些解釋讓您鬆了口氣嗎？
5. 您知道這個人的其他面向，好比尊重或樂於助人？
6. 您的批評者本人在您眼中毫無錯誤嗎？

7. 您也許必須接受，您可惜遇上一個非常不友善的人？
8. 他真的有權利判定您的能力嗎？

現在試著修正您的批評者的特質描述，確認新觀點是否減少您的脆弱，擴充了您的行動空間。

舊想法：「這個人想要傷害我。」

新想法：「這個人其實對我抱著善意，可惜他自己正承受壓力。」

強化新想法的考量：

- 當他自覺超過負荷，他就不容易作出適當批評。
- 他艱難地承受自己的責任。
- 他必須隨時控制一切。
- 他也可以十分支持他人，樂於助人。
- 我從對方身上看出許多我非常懂得珍惜的特質。

請您再看一次受批評下的自我形象問題一，思考：您還深信您想法的正確性嗎？當您重新評估批評，您覺得如何？您現在覺得比較容易適當面對批評了嗎？

檢視面對他人的負面態度，也意味著全面的大減壓，因為深刻的恨意製造緊張和防禦態度，向來浪費精力。此外敵意形象可能將視線轉向我們自己，因為我們經常在他人身上對抗自己不受歡迎的那一部分。

多年來證實有效的這些所謂認知行為治療練習，您可以用它們對自發的負面評價，或是內心評論進行現實檢核，將您的自我及外界形象從陳舊、扭曲的認知模式解放出來。想深入研究這個理論的讀者，我可以推薦您哈利希・斯塔夫曼（Harlich H. Stavemann）的著作《感受叢林》（Im Gefühlsdschungel）。

也是邁向未來的一步：不帶憤怒的和善回顧

想要更深入處理面對過往的讀者，現在可以轉向最困難的範圍：早期的需求受損。如果您目前察覺不到任何想要整理過去歷史的想法（因為您認為已經解決了，不敢這麼做，或者想著：「何必吵醒睡覺的狗？」），那麼您可以直接跳到下一節。有時比較晚才會產生對這方面的興趣，或者您尋找某個能陪您踏上這段路的人（好比治療師）。

我想從童年和青少年時期的正面回憶開始。省略這一段就太可惜了，因為回憶散播喜悅，能重新活化被遺忘的資源。

■ 對童年及青少年時期的正面記憶

對未來感到喜悅，也就是期盼，是所有喜悅當中最美好的；但事後感到喜悅，愉快體驗的深刻回味，對我們的舒適自在感同樣有幫助。畢業多年後的同學會，透過回顧有趣的事情，能使我們的情緒高漲，看我們童年的影片喚醒我們往昔對新生活的嚮往，翻閱舊的相簿或檔案會帶給我們莫大的喜悅。要是能和其他人交換相關訊息，故事就自動排列，正向記憶有感染力。

有位瑞士教授也是心理治療師薇芮娜．卡斯特（Verena Kast）推薦「歡樂傳」，亦即回顧童年，但只集中在充滿愉悅的時刻。她舉出許多例子，這些時刻能喚醒我們的正向記憶。我借用她部分的靈感，並加以補充：

1. 活動的樂趣：玩捉迷藏，爬樹，從溜滑梯滑進游泳池，高興地跳躍，騎雪橇——您一定會在這方面想起些什麼，也許連結當時忘我的感受。

2. 碰觸的歡愉：在浴缸裡或是沙灘邊踩水，挖沙坑，彼此丟泥巴，枕頭大戰，互相打鬧或擁抱——美妙的感官體驗。

3. 擁有秘密：不許任何人知道的秘密基地，看父母禁止的書籍，孩子氣的醫生遊戲，偷摘櫻桃，對別人惡作劇——不被允許，但正因如此特別刺激。

4. 嘗試新事物，釋放幻想力：挖掘事物，發想故事（敘述或寫下來），扮演角色，組裝些什麼——一些成就經歷，出自好奇和測試自己能力的欲望。

5. 接受及贈與禮物的喜悅：對大小驚喜禮物的記憶，用自己做的東西讓別人開心，或是自願協助日常任務——令人振奮的經驗，可一再重溫。

這般愉悅的回憶也可以讓重要的關係人以嶄新而正向的形象出現。請您想想，好比您的雙親帶著多少慈愛，籌備孩子的生日慶祝會或是聖誕節，您有多喜歡他們送的禮物，好比您的第一部腳踏車，這些可喚醒無比感激的情懷。要是您把這類經驗當作契機，把曾經對您做過好事的人列成一張表，會怎麼樣？他們——

- 曾在您的困境中鼓勵您或安慰您。
- 曾讚美您達到的成就。
- 曾支持您或保護您。
- 喚醒您對有趣主題的好奇心。
- 教您一些過去或至今可以感到驕傲的技巧。
- 只是在您需要的時候陪著您。

也許您甚至有機會，真的對這些人表示感謝。即使遲來，致謝讓您回饋他們。描述並讚揚對方曾為您所做的事情，能創造令人開心的親近感。您可能會感到驚訝，您經常獲得的庇護和重視有多少。請您給這些人寫一封簡短的感謝信。即使他們可能已經不在世上，這麼做會讓您開心。

正向記憶是藏寶箱，同時提供您目前生活一些靈感和資源：

- 有什麼讓您如今依然感到喜悅？
- 您忽視了哪些幸福泉源？
- 當您將童年幸福體驗拉到當下，您對自己和周遭的印象有何變化？
- 因為記憶而變得敏銳，您在目前的日常生活當中發現新的喜悅了嗎？
- 您更常計畫帶給您快樂的事情？

幾乎沒有什麼比經歷過的喜悅更有助於您內心平衡。光是回憶就讓人愉快，您也許會賦予其中一些回憶以生命。

■ 對童年及青少年時期的負面記憶

已經發生的事雖然無法恢復，但是可以讓自己意識到，如今再也不是那麼無助和缺乏保護，不像在童年困境中那樣。

因為我們這期間已經長大成人，具象而言，從前我們眼中的高牆如今已成矮牆。但是人的行為經常沒有改變，有如過去的阻礙還是一樣無法克服。我難忘的是一隻小狗的行為：我在假期中每天都在草地上碰到牠，被一條三公尺長的繩子綁在樹上。就像每一隻狗，牠想奔跑，綁在樹上的繩索強迫牠在一個越來越小的螺旋裡跑著。當我把這隻經常又餓又渴的狗放開之後，牠還照著牠在乾地上留下的奔跑軌跡跑了幾分鐘，然後站定片刻，在擔心猶豫之後——我最先感覺到牠縮起尾巴，起初慢慢地，接著快速地尋找開闊之地。幾天之後我看到牠和一群流浪狗混在一起，還在邊緣地位，但已經屬於這個狗群。

那隻狗顯然很快看出牠的新自由帶來的機會。有些人似乎害怕擁有自由，長時間不去檢視生命中（假定的）束縛。如何認知那只存在自己想像世界中的束縛？

您已經做過重要的回憶工作，能追溯陳舊的感受和需求，現在更有能力去接受這一切，因為他們對還是兒童的您而言是完全適當的。在此處和當下您能對自己說：「那是過去，我曾那麼無助和依賴。現在我是擁有各種長處和可能性的成年人，如今我能也允許表達我的感受，以及我真的需要的是什麼！」

基本上我們擁有一切解開舊束縛所需的條件：

1. 我們拉開距離。
2. 我們再也不受過去教育世界的綁縛。
3. 我們身為成人有拓寬的視野和資源。

我帶著些微良心不安（鑑於損害狗主人的所有權），我能解開那隻狗的綁繩。如何幫助內心的小狗（亦即孩子），好比如何讓牠明白，牠有牙齒，能自行咬斷繩子？

我們假設一下，我們能將時間倒轉——想當然不那麼容易，而且通常需要治療師指引。您把自己帶入一個印象鮮活的情境當中，然後您試著身為今日的成人，陪伴當時被過度苛求的孩子，說出在童年困難情況下不能說的話。在幻想當中，您代入照顧者的角色，直接對雙親或其他關係人提出訴求。請您最好將這時的想法寫下來。接下來要完成的句子乃是針對重要需求的主題，提供您一個方向：

● 小（您的名字）剛好覺得……

- 他做出這樣的行為是想表達……
- 孩子需要他人理解……
- 他做……的時候是認真的。
- 當他……不要讓他獨自一人，不要訓斥，不要取笑他，不要忽略他，不要感到羞愧。
- 當他……讓他試試看，只要不傷害他人。
- 當他……盡可能讓他自行決定。
- 當他尚未……給他時間。
- 他自己能辦到……不要插手。
- 當他對……感到自豪，給予他認可。
- 當他……不要做出過度要求。
- 當他……接受他還只是個孩子。
- 當他……對他設下清楚界線，並說明理由。
- 當他……尊重他劃定的界線。
- 當他……注意他真正需要大人怎麼做，並且給予他所需。

身為成人，您可說和雙親平等——相當有幫助的觀點交換。從這個位置為受傷的孩子挺身而出，這是一個關鍵體驗。沒有其他人像父母一樣，對孩子的感受及想法擁有這樣的力量。打破舊模式不可避免地對當下產生效應：有助於減少對他人的恐懼，和自己達到進一步的和諧。可以是種莫大解放的體驗。出自對內心孩子的照顧，逐漸發展出面對自己比較專注的態度，特別是在需求受損難以辨識的情況下。

這時您可能自問：我還有什麼重要的事情要對雙親說明，我想這麼做嗎？他們會聽進去嗎？您的雙親或許已經不在世上，或者已經年老。您可能不想再造成他們的負擔，或者您深信他們不會理解您早期的童年困境，只會以自我辯解或輕描淡寫來閃躲。您期望您曾經歷的沮喪至少事後獲得理解，這個期盼的確可能不會實現。如果您的雙親還在世，請您思考是否可能直接談論。很有可能他們隨著年事漸高變得比較開放，比較能夠設身處地。他們畢竟不再承受那麼多生存建構的壓力，以及教育的責任。也許您觀察到——有時也帶著少許羨慕，他們如今能多麼慈愛地與孫子互動。但最後的關鍵是您能否找到一種形式，將童年的沮喪時刻不以直說的方式表達出來。光是這樣就能帶來根本的解放。

代入成年照顧者的角色意味著，您對自己作出不同的定義，也覺得比較堅強和擁有同等權利，如前文所說，和自己的父母齊頭平視，不再以孩童必須隨時抬頭望的角度。您對雙親說的話語讓您注意到內心敏感的孩子——對自我尊重這個根本需求有著不可低估的貢獻。

如果您有機會，也和好朋友談談您的童年困境。沒有人能躲過這種困境，因為世界上沒有完美的雙親。如果您能將他人的類似經驗拉到眼前，能拓展您對自己的理解。每一回充滿理解的對話都有幫助。

如果您已經試過和雙親談論這個話題，對於他們不想理會「老事情」有經驗，或是他們抗拒談論，立即覺得受到攻擊等等，那麼我建議您採取以下的方式：請求您的雙親在您把話說完之前不要說什麼——即使您的話很長。請您強調這對您有多麼重要。相對地，您也給雙親回答問題不被打斷的機會。只要您覺得有意義，請向他們提起這本書，它正好讓您思考重要需求，促使您反思較早期的經歷。請試著不要把雙親當成被告來對待，沒有給您本來應得的東西，更不是您今日困頓的罪人。這麼做會自然地使您的雙親受到自我辯解的壓力，可能促發他們好比退縮的自我保護程式。

為孩子站出來，不管是寫下來或者談話，可能開拓一條必需的和解途徑。至今的憤怒回顧於是可能讓路給善意的觀察。

■遠離究責問題

您能克服雙親導致的失望，如有必要，和他們和解嗎？請您檢視下列說法是否符合您的情況：

「我樂意這麼做。」
「如果有好機會可以試試看。」
「不是現在，也許之後再說。」
「一切我都嘗試過。」
「這只會揭開舊傷口。」
「和那些人根本無法說這些事情。」

「他們否認一切。」
「時機已經過去。」
「絕不！」

您站在這個可能的立場階梯的哪一個階段呢？要是您決定試著和雙親或其他重要的關係人進行至今被迴避的對話，您已經往前跨了一大步。基本上每個人都知道，不要帶著過去的怒氣和指責生活比較好。經證實，和解對身體及心靈都健康。無法克服過去失望的人，不僅和雙親的關係受壓，還傾向在當前的相處中彼此怪罪。

不過和解會有困難，如果：

- 把拒卻的態度當作自我主張的表現，相應地把和解看成脆弱。
- 把究責當成減輕自我負責的重擔。
- 錯把和解詮釋成免罪聲明。
- 擔心因為新的誤解造成其他傷害。

這些壁壘可能非常高，或是邁出這一步的時刻尚未來到。在高度負擔或生活滿意度低微的時候，邁向和解比較沒有成果。那麼打消這個念頭有其意義。比較平衡的需求總結，以及隨著上升的自信，您更容易作出這個決定。

但是，如果您現在已經察覺到，您想改變某些方面對雙親或其他人的批判態度，您可以採用下列提議：

- 想清楚您不必為任何事道歉。
- 試著採取旁觀者的態度，以安全的距離面對沉重的過往。
- 毫無保留地接受當時的感受狀態。您無須自我辯白。
- 如果您在自己的立場能同理身為孩子的您，您也能試著站在雙親在當時情況下的立場。思考您的雙親當時也許承受的困難和負擔。
- 不要讓自己依賴雙親將會對批評作何反應。請您也嘗試理解他們的自我保護程式。
- 不要讓自己依賴其他人如何看待您的努力。
- 思考您是否也曾讓其他人失望，而且被原諒。

●將雙親對您的好再次拉到眼前。

穩固內心平衡：強化您的個性

除了期望在具體的蚊子情況下更能應付自己的脆弱，您也可以設定長期目標，發現您的發展潛能。因此我們再次回顧您的需求總結（請見第146頁）及精力分配（請見第157頁）：以上對您的內心平衡能有何幫助？

■需求總結：增進平衡的可能性

理想情況下——每個人都會同意，自己以及旁人的根本需求和諧共存。正如每個理想，這樣的平衡無法持續達成。但是可以將之視為想像目標。因此平衡比較是動態而非固定不變。我們，其他人也一樣，內在各種需求相互處在無法解除的緊張關係當中。就像一艘我們想駛到水上的船：如果我們讓船裝載太多東西，船就不容易操縱，或者會沉下去，如果負重不平衡，船就會傾斜。並非對您重要的一切能在您生命的每個時刻都得到滿足，也就是說，每多一次滿足需求就代表著相對放棄其他需求。

看著您的需求總結表，您也許察覺到想改變些什麼的各種衝動。因為沒有人能一次改變一切，我想建議您，首先再次把您特別重視的需求推向中心點。那麼我們來仔細看看您的需求總結！

為了確認您在某方面想作些改變，以及您的需求總結因此發生何種推移，我想為您介紹一種模式，是由心理學家保羅・赫維希（Paul Helwig）發展出來，並由費里德曼・舒茲・圖恩（Friedemann Schulz von Thun）擴充而成的「發展四方形」，這個模式最適合切中「需求衝突」及「需求表達」的主題，找出您根本需求的優先順序。

赫維希的想法出發點是，每種價值（每種人類品質）必須和一種正向的相對價值處在平衡的緊張關係，只要這種價值應該有建設性的開展。此外這個想法早已蘊含在亞里斯多德的希臘哲學之中。例如：貫徹始終的能力，為了有建設性的人際關係，需要設身處地的能力來補充。貫徹力和體貼相對立，處於辯證關係。如果以極端方式存在，只擁有其中一種特質會產生負面性格。以我們的例子來看，過度的貫徹能力會被視為肆無忌憚的自私，另一方面設身處地

根據赫維希的價值四方形：

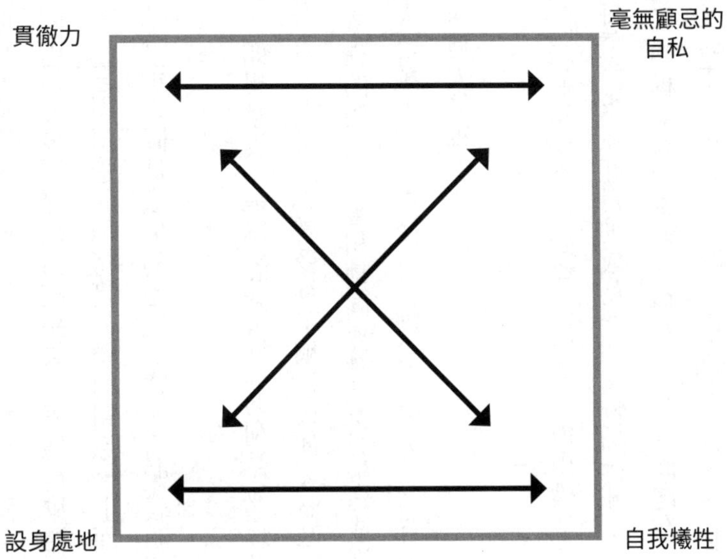

可能呈現完全的自我犧牲。因此我們有四種特質，兩種正向的相互辯證補充，另外兩種負面的則是過度實踐能力的結果。根據赫維希的說法，於是得出一個「價值四方形」，呈現出這四種特質外顯的關係。上面一層是正面但相對的特質，下面一層則分別是降低價值的過度實踐。箭頭表明哪些特質彼此處於緊張關係。

舉例來說，如果某人一直傾向將自己的利益放在其次，他就會缺乏適當的體貼以及貫徹力。但是此人若受夠了總是以他人為準，決定未來再也不顧慮其他人，自我犧牲的傾向就會和轉向冷酷的自私造成過度補償。為了正向發展，值得向此人建議，改善貫徹自己需求的能力，並且讓自己自由控制，視衝突情況控制顧慮他人的程度。

現在我們將這個想法套用到需求層面，借用價值四方形可做出一個「需求四方形」：每種需求並非自動成為一切事物的標準，而是和另一個同樣重要的需求相對立，兩種需求都合理。但是它們彼此處在一種緊張關係，這意味著：如果我過度關注一種需求，投入時間和精力，其他需求自然而然無法完全

1. 需求四方形

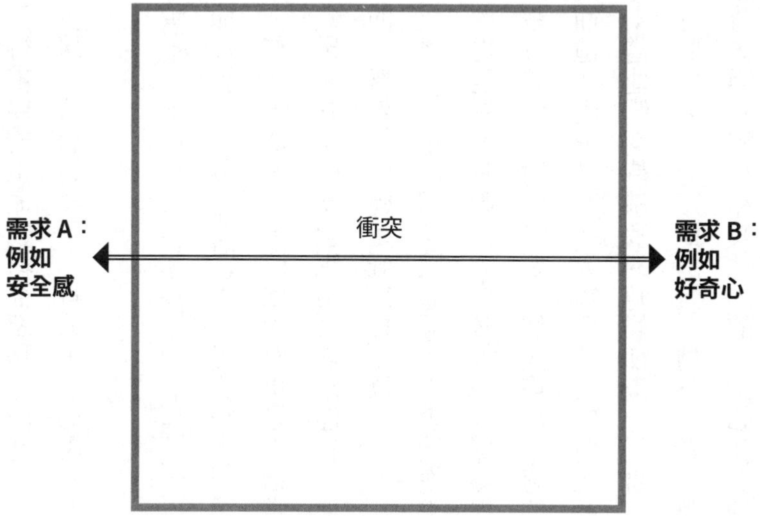

一個人對立的兩種需求

滿足，長期下來使得重要的生命領域被忽略。因此值得加以深思。

為了下一個步驟，請您觀察下一頁的第二個需求四方形。

如果有某種需求，那麼就一定會產生一個問題：某人對這個需求有何想法，以及會有何種行為。如果他清楚且坦誠說出想要什麼，他會有相應的舉止，也會感覺到，在特定情況下，這樣的舉止是否恰當，這被稱為正向的需求表達，因為具備效果。好比就安全感這個需求而言，他的表現是採取有意義的預防措施。相反的，無效的表達是好比控制欲。

也許您已經注意到，想法形成一個環：某個需求如以誇張或變形的方式表達出來，我們會再度碰上我們已經從多種自我保護程式認知的行為方式。這時您能自問，這些方式如何對應重要的個人需求：您的行為讓您更接近目標，還是需求滿足反而造成阻礙？有些人需要他人的時候顯得比較脆弱，退縮，雖然他們需要關注；當他們期待諒解的時候卻滿心指責——這些都是某種需求的不良抒發管道，主要用來降低短期的緊張情勢。在人際關係當中，適當面對自己的需求特別困難，因為容易和其他人的（例如伴侶的）根本需求形成對立。

2. 需求四方形

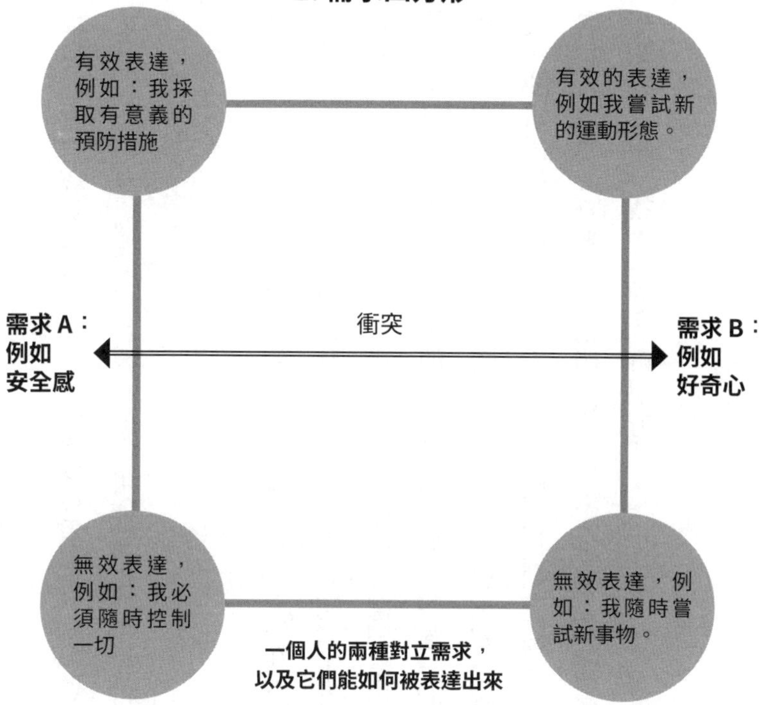

一個人的兩種對立需求，以及它們能如何被表達出來

我們以自己對自尊的需求為例，這需要尊重他人（＝尊重他人的根本需求）作為正向的相對方。過度以自尊為取向可能退化成自私行為，單方面重視他人導致自己總是唯唯諾諾。

我們再進一步：呈現建設性發展的改變機會，出現在下列虛線箭頭的四方形當中（受舒茲．圖恩模式的啟發）。如果某人傾向右下方，未來多重視自己的安全感需求，會是有意義的方式。另一個發展目標則呈現為左下朝右上的箭頭，也就是新事物產生吸引力，即使要付出承擔一些風險的代價。由左下向右上的發展也有意義：例如在伴侶關係當中不放下追求安全感的需求。試著隨時控制他人（例如在社交媒體上）或是不給他人行動空間（左下）被視為缺乏建設性。取而代之的是將來盡力讓伴侶的自主需求成立，為浮現的憂慮（例如思考自己相關的大象）找到更好的解決方式。

3. 需求四方形

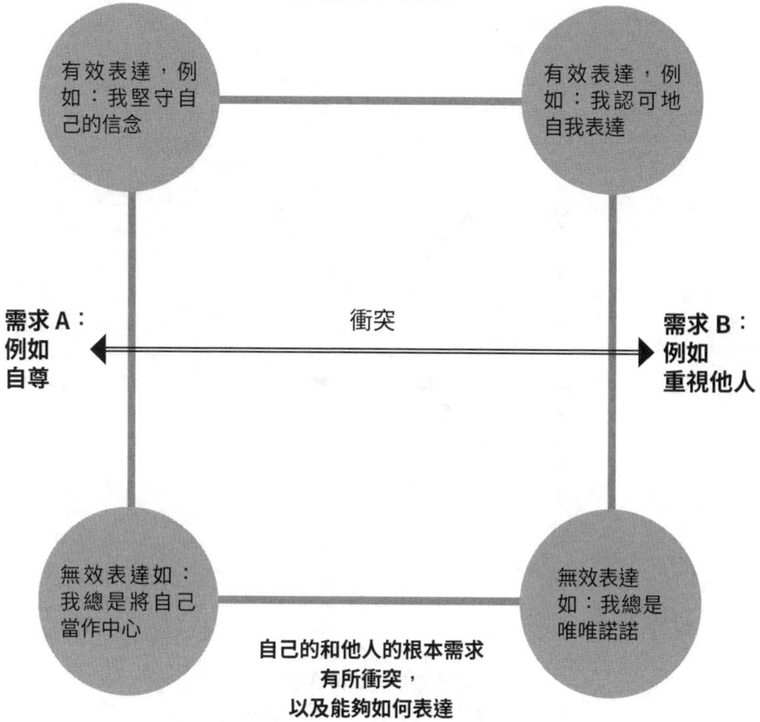
有效表達，例如：我堅守自己的信念
有效表達，例如：我認可地自我表達
需求 A：例如自尊
衝突
需求 B：例如重視他人
無效表達如：我總是將自己當作中心
無效表達如：我總是唯唯諾諾
自己的和他人的根本需求有所衝突，以及能夠如何表達

4. 需求四方形

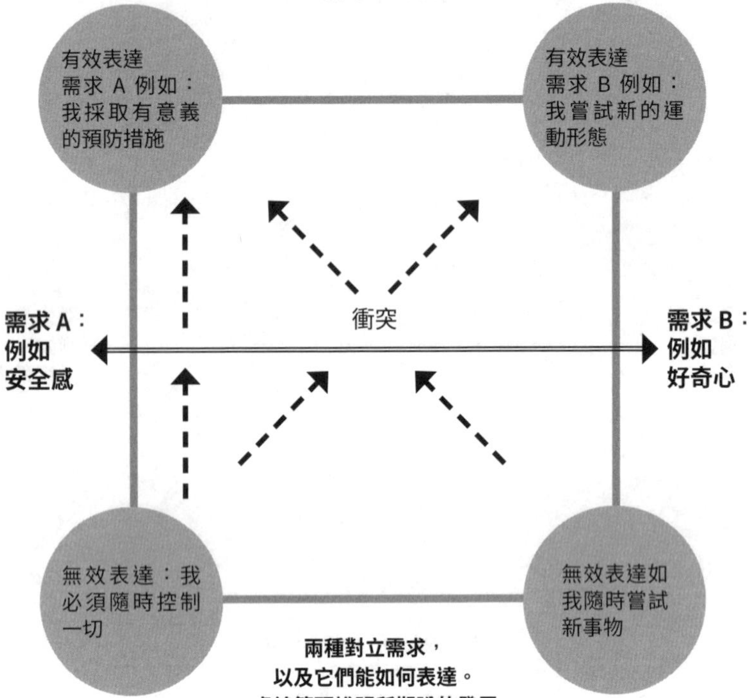

兩種對立需求，
以及它們能如何表達。
虛線箭頭說明所期盼的發展

我知道，以這個需求四方形，我要求您接受的是個相當複雜的模式。其中含有多個面向：

- 不同需求的張力場域。
- 有效或無效的需求處理方式。
- 面對需求的可能改變。

下列的例子，以及發展您個人需求四方形的指引，能讓您輕易決定立足點，並澄清您是否想改變些什麼。

但是在您找出您的需求四方形之前，我還想探討幾個課題和問題，這些課題和問題對我們的主角們深具意義。它們分別反映出十分個人化的需求情況，這些情況需要找到解決方式，因此根本沒有專利方式。端視如何看待問題，以及敢跨出什麼樣的改變步伐，（自我）治療可帶來不同的新體驗，從結果當中又可以衍生出新的解決方案。虛線箭頭再次指出個人期待的發展方向。當然也可以想像多個箭頭方向，如果對不同目標的均衡有吸引力的話。除此之外，我將簡短描繪，從中可產生哪些具體行動步驟。個別練習分別引導我們往改變方向踏出第一步。您在閱讀時已經有什麼想法或動力就太好了：我也可以試一試！

每個人的核心根本需求都被確認，它呈現為個人的大象，被放在四方形左側中央。這個需求和此人生命中幾乎未曾發展的根本需求相對，因此呈現為必要補充（右側）。下層左側是作為無效需求表達形式的自我保護程式，右側是被忽略需求的無效呈現形式。對某些人而言也可能是自我保護程式的一部分：彼得、安娜、史蒂凡和席碧樂都是這個情況，由他們的行為可推斷出兩種需求未被滿足（左側和右側所列），他們的自我保護程式因此包含涉及多種需求的思考及行為模式（請見相關需求四方形）。

請您再次選出人物，您在閱讀時對他們特別感興趣，也就是說，您特別聚焦在與您相關的課題上。

■ 七隻大象是有用的指路動物

1. 覺得受到庇護以及／或者自我主張？（麗莎的需求四方形）

害怕被拒絕是種常見的感受，以自己的意見和意志對他人提出要求並非毫無風險，需要自信和不畏衝突。

以麗莎生命經歷而言，被拒絕對她意味著失去庇護，導致過度努力想隨時讓所有的人都滿意，任何事情都聽別人說的去做。還是個孩子的時候，她就覺得衝突是種災難。因此她學到寧可將一些衝突吞下去，避免公然的爭執。她不曾想過要劃定自我界線，自我主張，公開表達自己的意見。她也可以做這些被斥責成自私的行為，這對她而言是大發現。需求問卷上的相關說法尤其讓她看到蛛絲馬跡，這是發展自主行為所需必備能力的第一步。下一頁的需求四方形呈現其中關聯。

將比較能劃定自我界線當作發展目標，她學到要更關注自己的感受和需求，克服伴隨出現的擔憂和不安。一旦她熟練自信舉止和適當的自我主張，就

麗莎的需求四方形

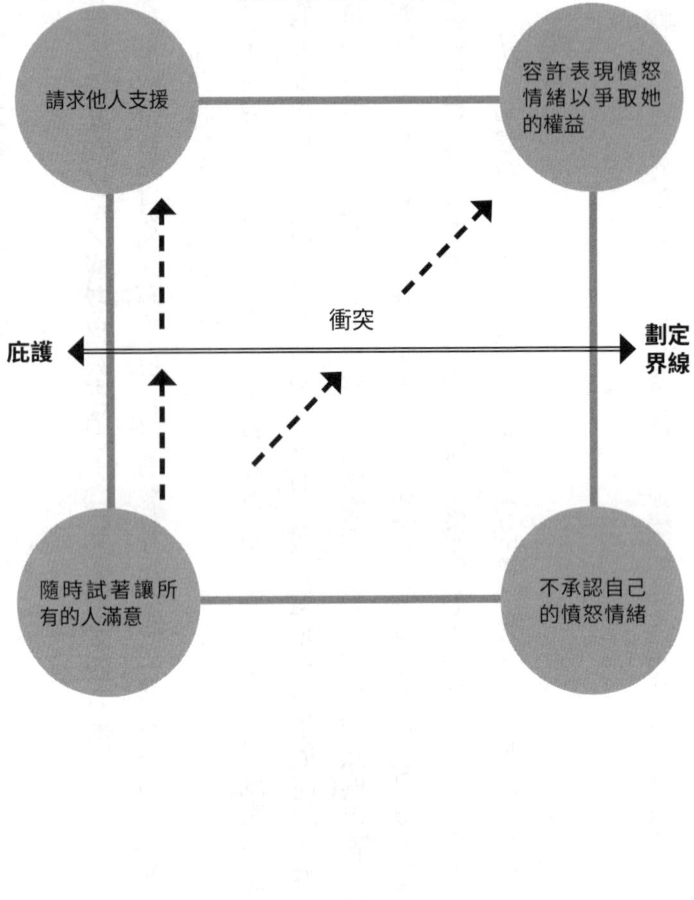
請求他人支援
容許表現憤怒情緒以爭取她的權益
衝突
庇護
劃定界線
隨時試著讓所有的人滿意
不承認自己的憤怒情緒

能強化她的自主性。接著她詫異地體驗到，一些人對她不同表現的初期迷惑，後來轉變成比較重視她。她單方面對庇護的需求於是失去意義。她也發現其他表達這一切的可能性。

練習「學習區分」：

麗莎做出一張列著十個熟人的表，思考著被這些人喜愛對她有多重要。如果某個人不重視她，甚至拒絕她，最糟糕的情況會是如何？學習目標：修正僵化的信念，以為所有的人必須毫無例外地喜歡她。

2. 被尊重以及／或者自我尊重？（史蒂凡的需求四方形）

達到受尊重的社會地位，對許多人而言是很好的事情。但是如果它變成自我價值感的最重要來源，就不免要依賴他人持續認可才能維持這種感受。一旦缺乏他人認可，我們就陷入自我懷疑，可能造成憂鬱或激烈的叛逆行為。

史蒂凡就深受地位思維的影響。他在這個領域以不怎麼有效的方式爭取重視，例如他挑釁地要求別人尊重他，太少表現出來的是他的自重。

史蒂凡的需求四方形

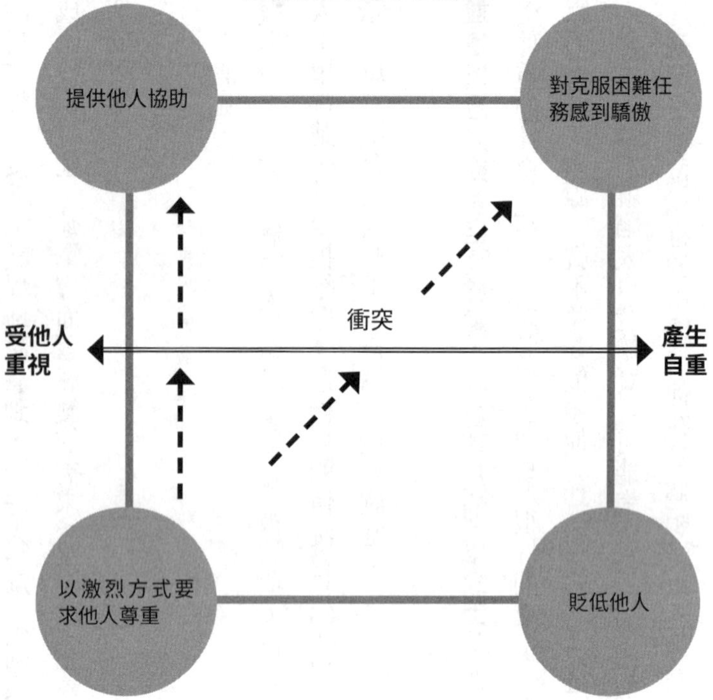
提供他人協助
對克服困難任務感到驕傲
衝突
受他人重視
產生自重
以激烈方式要求他人尊重
貶低他人

對他而言，嶄新之處在於他將注意力集中在並非依憑地位象徵的長處及資源。他學到對自己的貢獻感到驕傲，讓自己意識到，就算沒有六汽缸的豪華汽車，他對旁人而言還是充滿價值（例如當他提供旁人協助，或是親切地對待他人）。因為他對他人傾向負面的形象，反映出他自我重視不足，隨著漸增的自重，他對旁人也變得親切，旁人懂得珍惜這種新的行為方式，也對他比較友善。

雖然說得輕鬆，不過只要喜愛自己，就會被旁人喜愛，但陳舊的基模卻難以撼動：自我價值感在過去所受的委屈，長時間被當作自身低下的恆常證據。和他人的新經驗，即使正向，也會先被質疑是否符合過去習慣的思維。體驗友善是種禮物，應該學著接受，當作友善自我形象的一塊拼圖添加上去。就史蒂凡而言，有個向上的螺旋受衝擊，使得過去的惡性循環爆發出來。

練習「讚美」：

史蒂凡打算在適當時機讚美某人的貢獻，對方過去經常被他貶低。學習目標：表達重視其實是個簡單的想法，但是收穫滿滿的需求滿足。史蒂凡以多種方式得到正向體驗：他經驗到他對旁人的認可和讚美使對方開心，因為他看重史蒂凡的意見。

3. 劃定自我界線以及／或者彼此支援？（彼得的需求四方形）

就像其他衝突，這個衝突的解決方式也沒有專利權：我們必須一再重新自問，我們是否把他人的需求當作自己的，因而忽略自我照料，或者我們過度劃定自我界線，棄他人不顧。如果人們平衡地互助，每個人都會感到滿意，即使有些時候某人必須稍微退讓（例如生病或一時負擔過重），施與受仍然保持平衡。如果我們因為擔心他人而忽略自己，或陷於失去自我尊重的風險之中，情況就會比較困難：我們最遲在面對不適當的期待時要劃定自我界線，才不會危害自身平衡。

彼得對自我界線和穩定關係的需求，因為妻子的不滿而受到危害，但是他卻未適當地表達。他的行為是回頭使用舊有基模，這個基模來自他和受委屈母親的衝突：每當他抱怨胃痛，母親就表現出和解的一面。如今他以送出疲勞

彼得的需求四方形

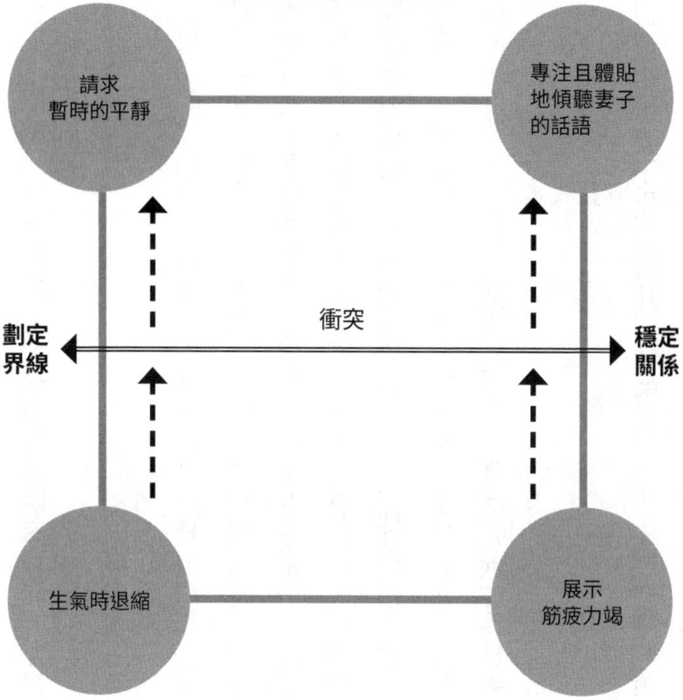
請求
暫時的平靜
專注且體貼
地傾聽妻子
的話語
衝突
劃定
界線
穩定
關係
生氣時退縮
展示
筋疲力竭

訊號取代抱怨胃痛，以此表現出他害怕失去關愛的恐懼（即使是以非常難以辨認的形式）——依循一句座右銘：「我那麼疲累的時候，要親切和諒解，不要對我有所要求！」

某人如果這般強調自己的疲累，通常傳達的是退卻和界線需求——就像彼得。但是他卻無法公開表達：他對妻子的責任感阻撓他，因為過去面對母親的罪惡感而更加升高。在這個他難以透視的需求混合當中，他既不能適當劃定界線，也不能請求他人對他目前狀態的諒解，他也無法諒解他的妻子。

消解罪惡感對他是重要的發展步驟，只要他公開談論衝突，提起他對理解和庇護的需求。於是他不僅在伴侶關係當中劃出有建設性的界線，還防止自己受到職場的過度要求。於是他感到自在，讓他有機會看見妻子的需求。

練習「只要傾聽」：

彼得習慣給予妻子更多關注，他轉向妻子，詢問她心情如何。重點是他現在專注且同理地傾聽妻子的敘述，不會立即提出建議。她有建設性的貢獻是：不要剛好在他明顯心裡有其他事的時候期待他的關注。他的學習目標：先忍耐伴侶可能的不滿。他的新態度：「我認真看待她的怒氣，不要立刻將這些怒氣當作對我個人的攻擊，我們共同尋求解決方式。」當彼得理解妻子真正需要的是什麼，滿足妻子需求不是他獨自可辦到，甚至不是他的責任所在，讓劃定自我界線的課題明顯降低重要性。還有什麼比這麼做更能維持穩定關係！

4. 被喜歡以及／或者走自己的路？（安娜的需求四方形）

如果符合他人的期待想像，很容易被喜歡。如果否定自己就為了符合這些想像，則相當窘迫。同樣麻煩的是伴侶為了自身獨立性而（再也）不願意配合，愛意和敬重會受到嚴重考驗。

這是安娜擔心的事情；她不敢公開提出自己的不滿。她至今的解決嘗試（完美家事是過時的方法，為了獲得母親的疼愛，到處挑剔小事情是自主性不足的表現）只走進絕境，因為她既不曾因此受到喜愛和重視，也無法自行決定她的生命。她的行為表面上雖然針對她對整潔的需求應受重視，但深層卻來自她對生活的不滿。對丈夫的憤怒比承認深層失望容易忍受。

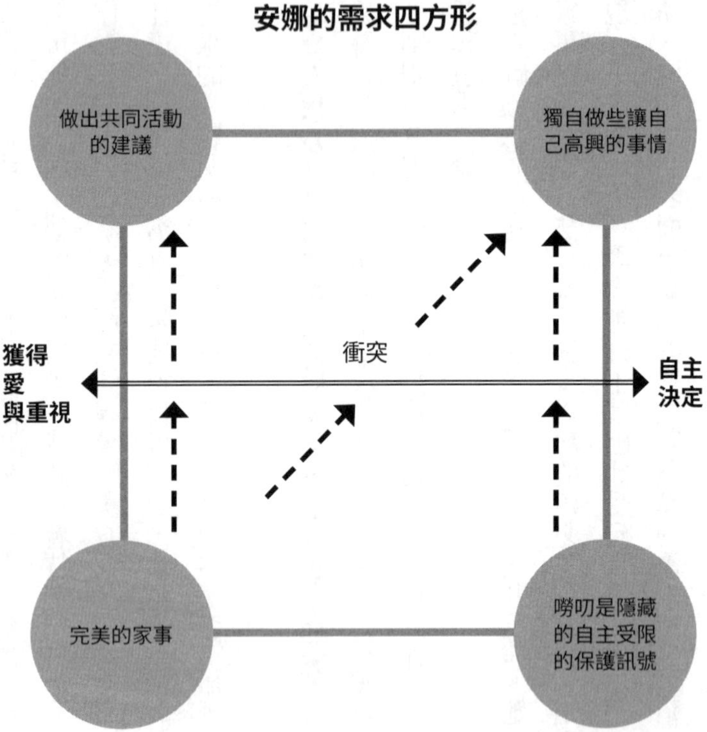
安娜的需求四方形
做出共同活動的建議
獨自做些讓自己高興的事情
衝突
獲得愛與重視
自主決定
完美的家事
嘮叨是隱藏的自主受限的保護訊號

因為安娜想要孩子的願望至今未達成，她（以及丈夫）需要新的方向。鑑於她的高度職業技能，換工作和高挑戰結合，對她是滿足上述根本需求的關鍵。家事於是變成伴侶共同承擔的任務。他們雙方都感覺到想要擁有更多共同體驗的需求，明確地為彼此付出更多時間（如果運氣好，也可能達成生兒育女的願望）。

練習「放手」：

安娜打算每週找一天不要完成從前固定的工作，跟隨自發的願望，不受「現實所迫」。她也允許自己偶爾比彼得晚回家。

然後她想出一個無比天才的點子，彼得向來喜歡她充滿幽默和機靈的方式，因此樂於支持這個點子：「我答應你，以後我會收拾你的襪子。我把襪子收集在一個盒子裡，每當我收集到三雙，你就信守承諾，陪我去看我選擇的歌劇，你要負責取得歌劇戲票。」——昂貴又費工夫的事情，但以經驗來看，還是共同的享受！

學習目標：把自己的舒適感排在前面，滿足自主的需求，而且不要用義務來約束自己。

5. 成為其中一分子並且／或者保持獨立？（塞巴斯提安的需求四方形）

這個問題可能讓我們受到嚴重考驗：要是每個人都這麼做，你卻拒絕這麼做，你很快就孤身一人——不然就是要自我調整。獨立通常需要勇氣，但也許值得思考，我們是否刻意屬於獨立的那一群……

塞巴斯提安嘗試以被需要的感受，滿足他對歸屬感的需求。相應地，他對工作的投入即以此為目標。他承擔額外工作的意願（或者：他的被誘導性）卻奠定在錯誤期待上，以為他能以這樣的行為，為他的受歡迎程度加分。

對塞巴斯提安而言，他的自主需求（尤其自重和自決）得以貫徹是根本要素。「未來更有效分配精力」，受到此一願望的推動，他開始在工作上比較常說「不」，對他過去的衝動踩煞車，不要在碰到問題的時候立刻挺身充當困境中的拯救者。如此一來他贏得一些時間，可以深化他的社會關係（也對他的婚姻有益），和他人相處成為豐富體驗，並且不依靠任何貢獻。

塞巴斯提安的需求四方形

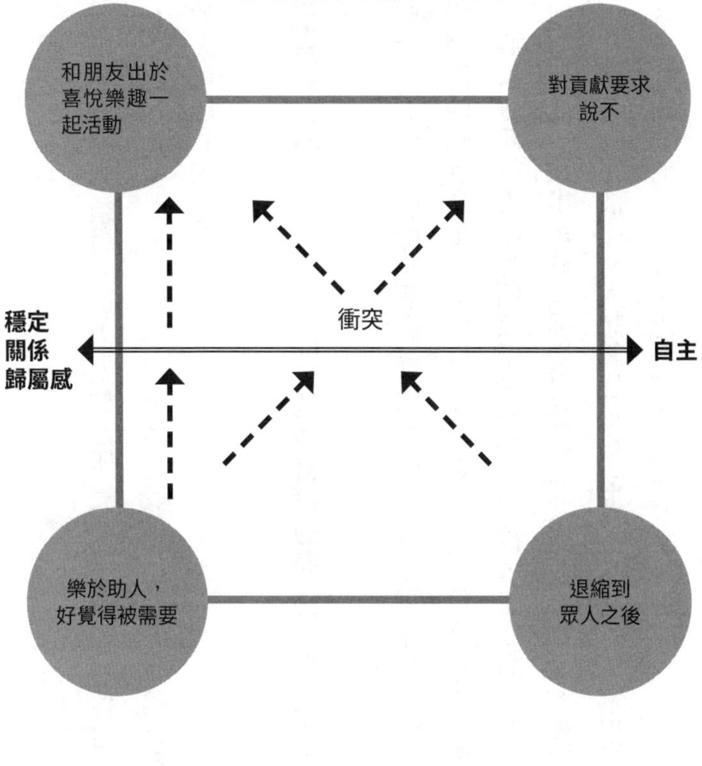

練習「說不」：

塞巴斯提安練習不須說明理由就對他所受期望說不。他試用一些句子好比：「其他人可以做。」或者：「目前我有其他更重要的事要做。」學習目標：承受他人可能表現的沮喪。

6. 公平高於一切，以及／或許包括他自己的尋找好處（席碧樂的需求四方形）

要是所有的人同一時間想要同樣的東西，有幾種可能情況：可以爭奪，可以試著對剩餘的感到滿足，或者致力於公平分配。但誰有權利圍堵個人私心呢？早年也許是雙親努力讓每個孩子受到公平對待，如今需要所有參與者的共同意志。即使如此，找出每個人都覺得公平的共識並不容易。每個人對自己和他人該獲得什麼各有想法，有人想著反正自己老是吃虧，他就很難被滿足，另一個總是拿走他需要的，也許不怎麼關心是否公平。

被教導一定要顧慮其他人，席碧樂對得到公平對待和自我主張的需求受

席碧樂的需求四方形

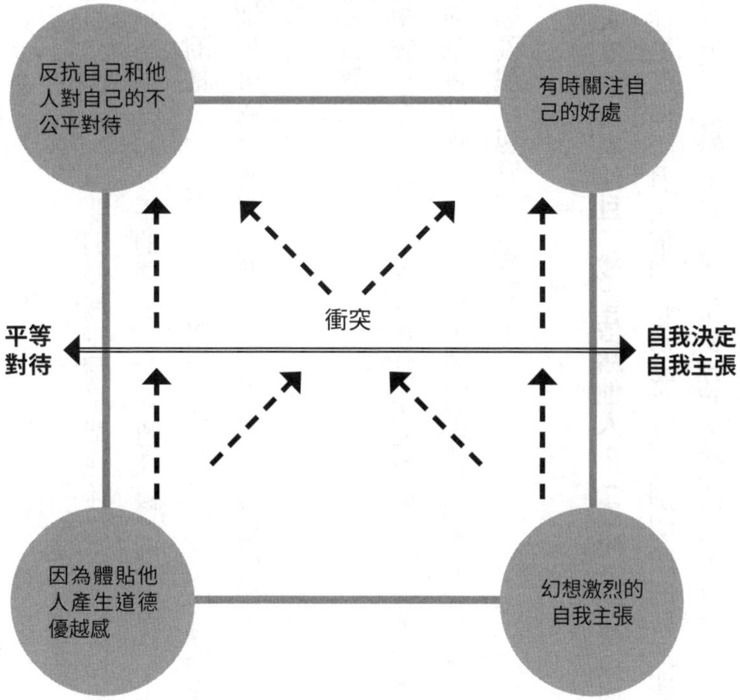
反抗自己和他人對自己的不公平對待
有時關注自己的好處
衝突
平等對待
自我決定自我主張
因為體貼他人產生道德優越感
幻想激烈的自我主張

到阻礙。前者轉換成一種道德優越感，後者在她激烈幻想中凋零。

對席碧樂而言，重要的發展步驟是關注並適當地主張自己的需求。她再也不想把平等對待和公平的需求，放在道德優越感的祭壇上獻祭，而是要求「一視同仁的權利」，對自己也做出同樣要求。最後她甚至允許偶爾爭取自己的好處。她也可以試試看，偶爾在棘手情況下發洩情緒，會帶來多少釋放感。

練習「自我主張」：

席碧樂練習在等待隊伍裡（在結帳櫃台等）友善地請他人讓她往前，因為她……而急著結帳。學習目標：熟練坦誠以適當形式表達需求。學習承受沮喪，不要因為缺乏包容而被嚇阻。

7. 一人安然自處並且／或者依賴他人？（馬庫斯的需求四方形）

我們從這個例子看到依賴和獨立之間特別明顯的緊繃關係。在我們這樣的分工社會裡，當然每個人都在多方面依賴他人。這對我們是理所當然的事

馬庫斯的需求四方形

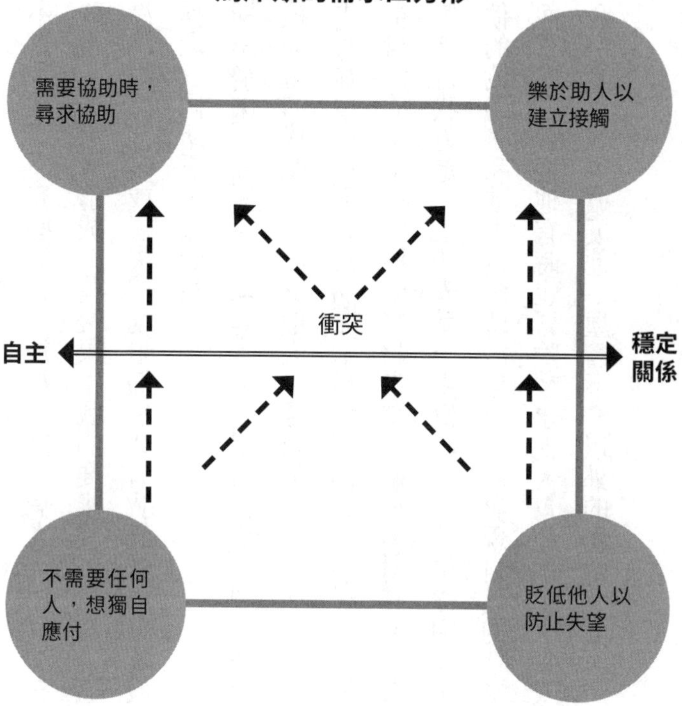

情，只在事情不如習以為常的進展時才讓我們困擾。火車不準時，商品賣完了，某人不實現承諾。有些沮喪不被視為針對個人，相反的有些則被我們視為對個人的輕視。後者會造成一些後果：我們要求我們自認為該得的，懲罰肇事者（例如冷淡對待），或者失望地退縮。或者我們找出有建設性的途徑，好從他人那裡獲取我們所需，或者接受失望。

馬庫斯出於困境而產生的能耐，獨自應付生命所有事務，導致孤單，這是防止後續失望的代價。他貶低他人是種酸葡萄反應。

為了克服孤單，思考自己的能力對馬庫斯有其意義。過去擔任房屋管理人員，他把自己的手工技能招貼在超市交流欄裡。對其他人有幫助，讓他和他人接觸，帶來自我肯定，也代表著一小份收入。他可從中克服擔心失望，畢竟有人需要他的協助。和他人接觸時，他可重新發現自己的社交能力，修正自己對人的負面想像。最後他有時也冒險請求他人幫他個忙。每次正向的相遇打破過去的自我保護程式，擴展他「屋簷下」以外的體驗空間。

練習「和他人接觸」：

馬庫斯帶著他年輕好動的狗去散步時，經常放鬆牽繩，讓狗和其他狗一起玩鬧，這使得他和其他狗主人開啟談話。或者他問路上某個行人時間。學習目標：體驗人與人之間正向的共鳴，逐步再度參與社交生活。

■把自己的大象當作有用的引導

均衡的需求總結對您的生活滿意度具關鍵性意義。您個人的需求四方形也有助您更能改轅易轍。

正如前文所述：您無法一次改變一切。因此請您選擇課題一再重複的最初棘手狀況，您在其中一再因為小事而情緒激動。如您現在所知，您的激動指向某種需求——您特別在意的那一種。請您思考這些情況下涉及哪個需求，這時給這個需求一個您認為適當的名字（從需求問卷中選擇，或按照您個人的概念選擇）。把這個需求（＝需求A）寫在下列四方形的左側（例如職場重視）。

現在將您在第146頁的需求總結表拿在手上。請您檢查哪些需求基本上**非常重要**，而且**沒有被滿足**。請您選出一種和需求A處於衝突的緊張情勢，（例

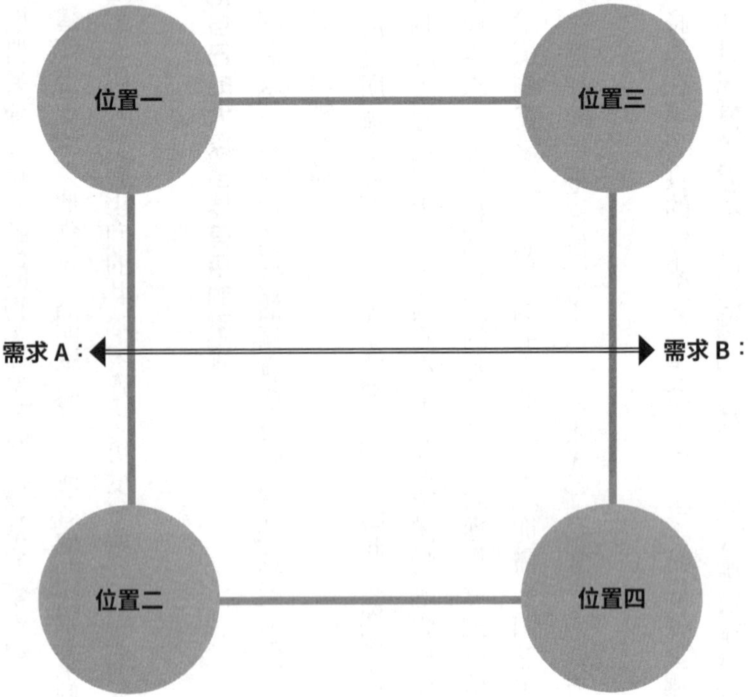
位置一
位置三
需求 A：
需求 B：
位置二
位置四

如：「當我主要努力達到職業成就，我的家庭就被忽略。」也就是追求和每個人穩定關係的需求，您是這些人其中一分子。）將這個需求寫在右邊當作需求B！

這時，或者若有其他機會，我當然最想和您——親愛的讀者，進行個人對談，以便能對您提出相關的個人問題。可惜這並不可能，我也不能為每個潛在需求提出一個問題目錄，我就借用一個被多方討論的主題說明具體進行方式，這個主題剛剛已經稍微提及，亦即所謂的工作生活平衡。對許多讀者而言，職業領域的重視可以是核心主題，我因此將之挑出來，放在四方形的左側。哪些基本需求會因此處在緊張關係當中（右側）？原則上無法全面回答這個問題，關鍵是您看重哪些緊張區域。可能是穩定關係，其中包括家庭和自己的住家，或者期望總算有足夠的時間好嘗試新的運動形態，或者去一個您早就感興趣的國家旅行。也許您只是想偶爾走出習以為常的單調生活（需求「好奇」）。其中也牽涉到自主：無須滿足他人的貢獻期待，而是能實現自己的想像。藉著您的根本需求及期望表，請您思考一下各種可能性。可能有多種需求互相摩擦。但請您首先選出想接著思考的一對矛盾需求。請您把這兩個相對立的需求寫在右側。現在還剩四個角落，兩種需求的第一、二、三、四個有效及無效表達。

藉著我在培訓課程及治療時間使用的方式，我想建議您下列方法：請您在心裡或是和信賴人士談話之間專注在這四個位置，一個接著一個。（把需求四方形想像成地上的一個大四方形對某些人也有幫助，然後您想像或者逐個坐在四個角落。這有助於集中在一個主題，察覺其他角落對這個位置的效應。）

接下來的（中性）問題，我首先就「職場重視」或「穩定關係」兩個領域，為它們找出可能的個別答案，其中有些問題並不容易回答，請您慢慢來，如果您一時沒想到答案，請您將之暫放一邊。每個人都知道，太用力思考會造成阻礙。但對您而言，您對許多思維早已因本書而感到熟悉，我身為「諮詢人」當然感到高興。

這時請您以口頭、書寫或在心裡回答下列問題：

位置一：需求A的有效表達

1. 如果您想著以後要多表達這個需求，您覺得這麼做和期望相符嗎？

回答舉例：「是，但我還不敢對上司說，我不確定他是否滿意我的工作。」或者：「是，真的適合我。」或者：「不怎麼樣，我應該不要把自己看得那麼重要！」

您對自己需求的答案是：

2.您從何辨識您的需求已經滿足？

回答舉例：「我的上司如果滿意我的表現就會告訴我。」或者：「我比較能關機，因為我知道我的工作成果適當。」或者：「我獲得比較多錢。」

您對自己需求的答案是：

3.您希望／期待哪些人為了滿足這個需求做些什麼，以及他們具體該做什麼？

回答舉例：「我的上司。」或者：「顧客不應只提出錯誤的地方，還應該認可我的付出。」或是：「我的同事，他們偶爾就該說聲謝謝。」

您對自己需求的答案是：

4.您本身能做出什麼有意義的行為，好促進滿足需求的機會？

回答舉例：「提起勇氣，更常要求回應。」或者：「提起我自己對成果的貢獻。」或者：「終於請求該得的加薪。」

您對自己需求的答案是：

5.在現況之下，您估計您的需求更加滿足的期望有多大實現機會？

答案舉例：「極微，我應該等到上司的壓力小一點。」或者：「不知道，至少必須試試看。」或者：「不壞，也許我自己應該更常做出認可的表達，會產生感染效應。」

您對自己需求的答案是：

6.如果需求未被滿足，雖然失望，什麼有助於您不覺得受傷、委屈或產生類似的感受？

回答舉例：「批評不是針對我個人。」或者：「這只是我的受傷點，是過去的事情。」或是：「我的同事不可能知道，我喜歡得到他們對我的付出的認可。」

您對自己需求的答案是：

如您所知，第一個位置是建設性地處理所提及的需求。請將這回思考，這回尋找蹤跡當作途徑，可以和考古挖掘出來的珍寶相提並論（此處當然是一隻大象的珍貴雕像——還能是什麼），因為時間造成的傷害都被除去，翻新地呈現在您面前：清楚認知及尊重各種需求的象徵。

位置二：需求A的無效表達

在您的需求四方形裡，這個位置是蚊子—大象課題的出發點。您對這個問題感興趣：為何您和身邊一些人對小事的反應過敏，以及您或旁人如何嘗試防禦需求受損，以陳舊和反射性方式來自我保護。如果您準備好批判性地自我觀察（可能完全違背自我保護程式！），那麼您會因為下列問題再度面對可能有問題的觀點。

1.在您目前生活中，您能記得哪些具體狀況，您在這些狀況下沒有滿足需求A，以及／或者需求被輕忽？

回答舉例：「會議中沒有一次提及，問題解決方式出自我的提議。」或者：「因為任務快速完成，我確實值得讚美。」或者：「沒人問過我，是否需要協助完成專案。」

您對自己需求的答案是：

2.引發您何種感受（受傷、擔心、憤怒、放棄、悲傷或其他感受）？這時您對自己和對方有何想法？

舉例回答：「如果上司從不曾對我說過什麼好話，我擔心他想擺脫我，他不怎麼信賴我。」或者：「我就是不夠好，真想哭。」或者：「我總是幫助他人，我偶爾需要別人的時候，卻沒人幫我。這些人都自私自利，讓我非常生氣。」

您對自己需求的答案是：

3.您這樣感覺的時候會做什麼？您如何試著保護自己？

回答舉例：「我迴避我的上司。」或者：「我更加努力，加班。」或者：「我不抱怨，但是我會很不客氣。」

您對自己需求的答案是：

4.您從中看出過去的自我保護程式了嗎？

回答舉例：「怎麼會是自我保護呢？我就是這樣，改不了。」或者：「對，要是作不出成果，我有什麼價值?!只有作出貢獻才算數。」或者：「當然，我總是照顧其他人，我隨時都受到他們的歡迎。」

您對自己需求的答案是：

5.您想對旁人觸發些什麼，您真的觸發了什麼？

回答舉例：「我的上司不應該注意到我感到不安，但我不知道，他究竟是否意識到我的存在。」或者：「我有多麼投入，一定會被注意到。我的上司偶爾該感謝我。」或者：「總該有人偶爾問問我缺什麼，偶爾有人問我心情好不好。」

您對自己需求的答案是：

6. 因為您太過關注此處討論的需求A，而忽略了需求B，您注意到其中的緊張情況了嗎？

回答舉例：「家裡氣氛總是沉重。」或者：「每個人只關心自己和個人利益。」或者：「某些日子，我晚上再也不想回家。」

您對自己需求的答案是：

位置三：需求B的有效表達

請您想像一下，和需求A處於矛盾緊張狀態的需求B（此處是追求家庭關係），如何被您活出建設性，以及能如何被表達。以下再度提出幾個問題當作思考刺激。

1. 您從何處看出您的需求B已經滿足？

回答舉例：「我回家時受到友善的問候。」或者：「我丈夫／妻子關心我過得如何。」或者：「我丈夫／妻子／孩子想和我一起做些什麼。」

您對自己需求的答案是：

2. 您希望／期待哪些人為了滿足這個需求做些什麼，以及他們具體該做什麼？

回答舉例：「希望我的雙親：他們能偶爾把孩子帶過去照顧。」或者：「希望我的丈夫：他應該表現出他對我的職業成就感到驕傲。」或者：「希望我的孩子：他們在發生問題的時候會告訴我。」

您對自己需求的答案是：

3. 您自己能以何種有意義的方式適當地滿足您的需求B？

回答舉例：「花多一些時間談論我們每個人在忙的事情。」或者：「說得更清楚一些，說我不想被打擾，或是我現在有時間實現想要孩子的願望。」或者：「我偶爾想出新把戲，讓我的妻子／丈夫／孩子開心。」

您對自己需求的答案是：

4. 在現況之下，您估計您的需求更加滿足的期望有多大實現機會？

回答舉例：「好吧，我只要做我想做的事情。」或者：「我們一定有些疏遠了，需要耐心。」或者：「我一定要退一步，孩子們在這個年紀已經不再戀家。」

您對自己需求的答案是：

5. 集中在需求A導致和需求B的衝突嗎？

回答舉例：「是，我再也無法承受所有的期望和現實壓力。」或者：「是，我經常還要花好幾個小時處理出自辦公室的怒氣，然後再也無法傾聽。」或者：「是的，但是只有工作才能讓我們得到需要的金錢。」

您對自己需求的答案是：

6. 您會攤開來談嗎？

回答舉例：「我們越來越難得有時間談話，但我們決定改變。」或者：「是的，我們大多每週安排一些時間，好談論眼前的問題，或是對雙方的期望。」或者：「我不擅長說話，但是當其他人需要我，我會注意到。」

您對自己需求的答案是：

位置四：需求B的無效表達

針對這個主題，我們通常也不樂意反觀自身：如何處理未達成期望的沮喪？退縮，逃到網路世界，或是沉浸在電視節目裡，斥責孩子，或是抱怨伴侶，過度沉迷於嗜好，或者太常給自己一杯紅酒？或許對小怒氣也過度敏感地反應，因為個別家庭成員根本不知道，某人在工作上有何成就，又必須承受什麼，凡此總總。

再度提出一些問題作為您的指引：

1. 在您目前生活中，您能記得哪些具體狀況，您在這些狀況下沒有滿足需求B，以及／或者需求被輕忽？

回答舉例：「我回到家，問題就迎面而來，沒人看出我需要先休息一下。」或者：「我兒子想要新手機，我不想花錢，他又發脾氣。」或者：「我拜託丈夫／太太一件小事，他／她又忘了。」

您對自己需求的答案是：

2. 引發您何種感受（受傷、擔心、憤怒、放棄、悲傷或其他感受）？這時您對自己和對方有何想法？

回答舉例：「憤怒：沒人顧慮我的感受！」或者：「失望：我兒子想要什麼東西的時候才來找我。」或者：「生氣：所有的人都只關心自己，我的期望不重要。」

您對自己需求的答案是：

3.您這樣感覺的時候會做什麼？您如何試著保護自己？

回答舉例：「先給我一杯威士忌。」或者：「指責兒子老是要東要西。」或者：「我消失在我的房間。不要表現出我有多失望。他們問我怎麼了，我通常回答：沒事，會有什麼事?!」

您對自己需求的答案是：

4.您從中看出過去的自我保護程式了嗎？

回答舉例：「是，我那麼憤怒的時候，我寧可原諒自己。」或者：「非常熟悉，只有某人對我要求什麼，我才受歡迎。」或者：「不，怎麼會是自我保護，發脾氣是正常的。」

您對自己需求的答案是：

5.您想對旁人觸發些什麼，您真的觸發了什麼？

回答舉例：「大家總算注意到我，我所觸發的卻是相反反應。」或者：

「要是我兒子對我多說些自己的事情就好了，其實他反而更加退縮。」或者：「不知道，我已經停止去想這些事情。」

您對自己需求的答案是：

6. 您過度關注需求A而忽略需求B，因此所引發的緊張關係如何呈現？回答舉例：「我太太抱怨我不關掉公務手機，覺得我把工作看得比她和家庭重要。」或者：「我在家裡坐在書桌前做事的時候被打擾，我會生氣。」或者：「我經常感到哀傷，因為我沒時間，其他家人就在我缺席的情況下一起做些什麼。」

您對自己需求的答案是：

現在還缺一支或多支改變的發展箭頭，這些方向對您個人具有重要性：哪些需求（A或B）未來多受重視（對角箭頭）？您可以如何更進一步連結這些需求：更清楚、更真實，更適合情況？您對位置一和三的答案給您必要的指引（垂直箭頭）。

最好先滿足一個發展目標，然後耐心、持續地練習。您的伴侶、朋友和同事等也需要耐心，也許您能成功拜託他們。

如果您已經給自己時間回答您眼中的基本問題，那麼您已經清楚認知您的需求四方形。如果沒有，請您之後有機會時（例如蚊子下一次出現）回顧需求這個課題，先讓思考刺激對自己發揮效應。這些激發想法當然只是我們內心生活和動機宇宙裡的一小扇窗，而我們一直未曾意識到這些動機。為了不要完全失去概觀，局限在自己生活的一些相關觀點有所助益，尤其是那些我們能左右的觀點。藉著需求四方形，您擁有目標明確的良好行為基礎。您「只要」做正確的事情。因此，每個人需要一連串能力，也許已經具備，但是卻尚未意識到。或者他已經踏上學習的道路，並且自問：如果想要被認真看待、被意識到、被支持和被重視等等，具體能做什麼？除了至今的自我保護程式，或者加以取代，還有哪些更好的策略？我描述了一些解決方案當作例子，希望其中對您有可用的方式。

正如上文當作範例觀察的「重視」，大可以就所有需求做各種嘗試。首先：不要駛上無用行為模式的舊航道。取而代之：就像朝著森林裡呼喊，四處傳來回聲，如人所願。友善和專注地面對其他人，建立及維持聯繫，說些好話，說出讚美，表達感謝，認同他人貢獻，提供援助（給予您也想要獲得的東西），然後清楚表明立場，有勇氣捍衛自己的價值，不要掩蓋自身光芒，承擔責任，不要提早屈服於他人的輕視，偶爾承受沮喪……（這一切也強化您的自尊！）請您也接受〈認識自己的優點，運用這些長處〉（請見第221頁）一節的啟發，看到其他可能性。您還想到什麼？

為了喚醒您的記憶：任何情況下您應考慮：

1. 因所謂的細故而激動，請您自問：我需要什麼，對方需要什麼，或者我們兩人在這情況下真正需要的是什麼？現在什麼會對我／他／她／我們的情緒長期有益——例如被認真對待？您對自己的感受和需求越專注，您越能同理他人，您為了小事爭執的風險就越小。任何只會引發負面情緒的表達——不管用意有多好，即使碰觸受傷點，卻也錯過真正的需求。

2. 請您注意，情況是否真的適合您用來溝通事情！您的需求是否和他人敏感區相衝突？如果雙方以逃避或攻擊的方式來尋求保護，雙方都處於一種阻斷解決方式的狀態，問題因緊繃升級而變得尖銳！請雙方協調一個停止訊號，在雙方開始變得越來越有破壞性之前！

3. 當雙方平靜而且沒有時間壓力——盡可能規律，和那些對您重要的人談論雙方的期望！請不要互相指責，只會啟動各自的自我保護程式！

4. 請您立即開始：開始就完成了一半（亞里斯多德）。讓需求更為平衡，並且適當地表達，這是持續不斷的挑戰，因為生命無常，必須不斷重新找回平衡。新的行為方式需要勇氣，亦即克服恐懼。因此我想建議您一項小小的勇氣測試，當作初步的協助。

練習「克服自己」

做一些您必須自我克服的事情。進行一通您推延許久的棘手電話對談，跨越您內心嚴格的「必做」句子之一，允許自己表達批判意見，過去您禁止自己表達這些意見；承認自己的弱點或錯誤，說出被克制的期望，或者冒險一回站到中心點。

請運用您的想像力，記下所有想到的點子，然後作出選擇！請您今天就進行勇氣測試，也許您甚至能從中獲得樂趣，想要進行更多測試。任何小小的恐懼克服都能增強您的自信：勇氣製造勇氣！

更有效分配精力：以您真實達成的成果當作行為方針！

根據經驗，當人們看清，多少精力流向對於滿足重要需求極少貢獻的生活要求，幾乎無人會無動於衷。請您想想好比每天的文書工作，或者被待處理的電子郵件洪流淹沒——正常生活裡持續增長的管理消耗精力！是啊，只要能把生活稍微簡化一些，好把更多時間留給有助於達到真正滿足的事情該多好。對生活指引的需求相當大，好比時間管理，但是每個人都知道，改變固定的步調有多困難，以及把已接手的義務放下有多不容易。常被抱怨的倉鼠輪象徵往前一小步有多費力。

透過自我審視，您有機會一小步一小步地改善您的需求總結平衡，使您不再處於錯誤的位置，使用錯誤的方法，去爭取在其他地方以不同方式比較容易達到的目標。比較容易並不一定意味著會少花一些精力，但是請您想想：您所作所為對您而言越正確，越和您個人能力、價值系統以及您真正重要的需求達成平衡，越有助於您的舒適自在感受。目標明確的努力和成就經歷甚至成為額外精力的自有來源。

您知道您的實際狀態，而且知道您想往何處去。端視您所感興趣的主題，現在您獲得有用的指南，通往您內心平衡，可藉此回答下列問題：

1. 根據您的評估，過多精力湧向哪些領域，卻未長期有益於滿足重要需求？（請見第157頁，您的精力消耗、實際狀態，以及分類的根本需求表。）
2. 鑑於您的根本需求，這些精力更應該被投向哪些領域？（請見第157頁，您的精力消耗、期望狀態，以及分類的根本需求表。）
3. 哪些需求凸顯出您的蚊子－大象－課題，和其他哪些重要需求處於緊張關係？（請見第273頁，您的需求四方形。）

如此一來，您把生命中所有重要領域都放在視野內。就像手邊有部相機，我們把玩縮放功能：首先是對不同大象近距離拍攝（第二章），接著是廣角拍攝您的整體需求和精力分配（第三章）。現在您集中在一個生活領域，您在其中具體想做些什麼，好讓您寫在需求四方形裡的兩種需求達成平衡。於是我們又回到大象的課題。如果您想讓成為大象名字的需求獲得更多滿足，建議您改變一部分精力投入。

現在，將您的精力轉而投入這個方向還有什麼阻礙？

我們已經探索過您本身的阻礙，並且採取措施將之排除。這些阻礙主要存在於您自我保護程式的僵化信念和行為模式，以及您自己的自我及外界形象當中。

除此之外當然還有外在阻礙：您或許感覺被困在無法改變的實際拘束，以及所接收的義務裡。我們已經看到，這一切可能和根本需求相關：好比在職業領域是經濟保障、供給、社會地位，或是對自己能力的肯定；在私人領域和家庭、朋友圈或是組織歸屬感等相關。也許您不想錯過其中任何一項，願意以限縮自主付出代價，即使您經常覺得一切都太狹隘。

但是也很可能，您暫時接受不平衡的需求總結，因為某種需求此刻對您最重要：舉例而言，請您想像準備重要考試、蓋房子、新任務帶來的挑戰、身體疲累後恢復，或是生病、孩子的教育、照顧近親以及類似的暫時優先事務。然後您目前雖然缺少些什麼，但鑑於您目前的投入，您接受一段乾渴期。但是如果特殊而且針對主要目標的要求的時機已經過去，重新走出這些片面的要求就愈形重要。

在哪個領域，您能為您集中關注的兩個需求做出適當的精力分配？首先請您思考一個改變的小步驟，您可以立即開始進行。

您可以依循下列通用建議：

- 把一些工作交給別人，和針對您的期望更良好地保持距離。
- 每天早晨對自己提出下列問題：我今天能為了我的舒適感受做些什麼？請您這時注意平日的小愉悅。
- 有時給予和收受一樣美好：請您思考是否能讓某人開心一下，或是提供對方協助。
- 在所有領域都注意您內心的「必做」句子，並且測試起見地質疑這些想法。可以把完美主義和其他催迫者圍堵起來。

●給自己休息或喘息時間，能填充您的精力電池。

●試著賦予過去被您視為浪費時間的事情正面意義。好比除草可以當作運動，重新粉刷房間以滿足對美的需求，修理房子某個東西當作對您手藝靈巧的認可。

●或許您也可以單獨做些什麼，還是找到有共同興趣的人聽您傾訴。因為您從不曾仔細觀察，有些門似乎封閉起來，其實門戶大開。

●和您的伴侶或親密朋友談論您的精力－期望－循環。只要有機會、有意義，為了平衡的需求總結，試著談論改變的可能性。

最後仍須一提：

●注意其他人的蚊子。某人以無法解釋的方式激動起來時，思考或詢問：為了重建他的平衡，您能做些什麼？有時釋放出理解的話語就已足夠。

但有時只有進一步的措施才有幫助：

●您能減少工作時間嗎？也許您不該再從辦公室帶工作回家。或者您希望轉換職業跑道，因為工作要求不符合您的能力，或是周邊條件令您沮喪？您曾尋找過替代可能性，將感受觸角伸往這個方向嗎？

●您的職業升遷對您究竟有多重要？您在職業生涯下一階段確實找到滿足您的東西，或者您同時也失去某些基本的東西？爬得越高，空氣就越稀薄——孤單感受也比較強烈。

●如果您每週至少能指定一天不去工作會怎樣（聖經裡其實已經記載）？

●有什麼人是您想進一步認識的？或是有些人，不知怎地就從此被您忽略了？有什麼妨礙您和他們重新接觸的意願？請您好比和他們約定一起從事某些活動，或者邀請他們來家裡玩。

●依您的習慣，您會和對您不那麼重要的人碰面嗎？如果您中斷接觸，或讓這些關係沉睡，可能創造出新的自由空間。

●有什麼興趣或嗜好已經被您忽略，或是您早已不花時間去做這些？請您接受對過去正面記憶的靈感激發。目前還有哪些事情帶給您孩子氣的歡愉？

●您察覺到投入好事的衝勁嗎？和其他人一起推動有益的企劃能帶來非常

大的滿足感。

請寫下您的點子，您在其中讓自己接受所期望精力分配和根本需求的引導。最好根據您的選擇，為每週作出計畫，標語是：「什麼事情會對我接下來幾天有益，我如何達成。」

幾星期之後，請您再次審視和根本需求相關的問題。

- 您的新活動改變了重要需求滿足程度了嗎？
- 尤其是您的需求四方形當中的兩種需求，它們平衡地獲得滿足了嗎？

根本需求	我能做什麼？

● 您的需求總結因此產生變化了嗎？
● 您現在如何分配您的精力？

請您重新評估：您的努力在哪些領域比較沒有成果，所以您應該少付出一些努力，或是完全放手；哪些領域值得投入更多精力？

請您從以上這些建議擷取適合您的，並且加以嘗試。即使小進步也要給予讚賞。

需求沮喪在未來並不會消失。請您以上述提及的練習，為遇上蚊子做準備，使您不會再落入陳舊的負面行為方式。請您一律設定正面描述的目標，您想達到什麼，您將來如何行為舉止（亦即與其負面地說：「我再也不想表現出脆弱。」代之以正面表述：「我想滿足我的需求。」或是：「我首先想創造距離。」或是：「我想先澄清究竟怎麼回事。」）。透過您目標明確而且自我負責的行為，您避免走進死胡同，更快速重新找回平衡。請您將之變成對抗蚊子攻擊的訓練！

每個自我負責的行為步驟都促進您的自主，強化您的自我價值感。「只要我想就可以辦得到！」這是知名美國心理學家阿諾・拉扎魯斯（Arnold Lazarus）薄薄一本自助書籍的書名。這個句子當然不是一體適用，請您姑且將之當作行為動機。這個句子切合自主課題和問卷裡的說法。當我再次重複這個說法，那麼我的想法是它們可以當作您行為的指引箴言：

- 如果我打算做什麼，也會付諸行動。
- 我可以獨自作出重要的生命決定。
- 我重視自己的需求。
- 我能接受合理的批評。
- 我可以和其他人保持界線。
- 我可以透過自己的行為改變些什麼。
- 我認知自己的界線並加以接受。

● 我注意其他人的需求。

● 我依循自己的價值觀而生活。

最後我祝福各位讀者，希望您能藉助這本書更了解自己和他人，重新找到如何達成內心平衡的途徑。隨時意識到您個人的強項，將您的精力盡可能投入確實讓您滿足的領域，善意地處理大象。

致謝

在潤飾書中文字以及數個月長的思想激盪之後，我感受到向所有的人致謝的需求，他們在本書兩個版本的形成過程中鼓勵我，陪伴著我。

將日常生活中討厭的蚊子，以及藏在其中的大象，讚美成有用的物種，出於這樣的點子和我的想法，這本書誕生了，我感謝沃夫岡・巴克的長年友誼，他對我治療工作的重視給我勇氣，著手進行這個企劃。當時由他領導的出版社，尤其是負責第一版的編輯卡塔琳納・費斯特納，以及她的後繼者，也就是這個新版本的編輯羅絲瑪麗・麥連德，他們以各種方式支援我，我滿懷深深的謝意。麥連德女士對這個主題的興趣，以及她對文字的徹底深思，對本書的根本改進作出貢獻。

我的同事，艾娃・溫德爾教授博士以她的專業知識修改初版的文字，我們的討論給我基礎的動力。

我也要向我的妻子也是同事，瑪蓮娜．席德麥爾，致以誠摯的感謝，她耐心地提出想法和建設性批評來支持我。

我同樣也要感謝我的朋友和同事們，他們對第一版的反饋非常有幫助：漢娜．史蒂爾、雷娜特．法藍克博士、黑爾嘉．措勒、萊茵哈爾特．奧爾博士以及赫慕特．科勒爾博士。

除此之外，我還與海里希．貝爾巴克教授在基模療法的講座及討論當中，也在我自己擔任督導員及課程指導者的進修教育之中獲得靈感。

最後，本書的基礎是我的病患的經驗和想法，在我們幾乎超過四十年、充滿信賴的談話中，他們讓我分享這一切。現在，我親愛的讀者們，還讓我能繼續傳達給您。

國家圖書館出版品預行編目資料

躲在蚊子後面的大象：那些隱藏在生活小事背後的深層情緒 / 恩斯特弗利德．哈尼許、艾娃．溫德爾著；不言譯. -- 初版. -- 臺北市：平安文化，2023.4　面；　公分. --（平安叢書；第 757 種）(UPWARD；145)
譯　自：In jeder Mücke steckt ein Elefant: Warum wir uns nicht grundlos über Kleinigkeiten aufregen
ISBN 978-626-7181-61-4（平裝）

1.CST: 心理衛生 2.CST: 心理需求

172.9　　112003519

平安叢書第 757 種
UPWARD 145

躲在蚊子後面的大象

那些隱藏在生活小事背後的深層情緒

In jeder Mücke steckt ein Elefant:
Warum wir uns nicht grundlos über
Kleinigkeiten aufregen

作　　者—恩斯特弗利德．哈尼許、艾娃．溫德爾
譯　　者—不　言
發 行 人—平　雲
出版發行—平安文化有限公司
台北市敦化北路 120 巷 50 號
電話◎ 02-27168888
郵撥帳號◎ 18420815 號
皇冠出版社（香港）有限公司
香港銅鑼灣道 180 號百樂商業中心
19 字樓 1903 室
電話◎ 2529-1778　傳真◎ 2527-0904
總 編 輯—許婷婷
執行主編—平　靜
責任編輯—陳思宇
美術設計— Dinner Illustration、嚴昱琳
行銷企劃—許瑄文
著作完成日期— 2009 年
初版一刷日期— 2023 年 4 月
初版七刷日期— 2024 年 3 月
法律顧問—王惠光律師

讀者服務傳真專線◎02-27150507
電腦編號◎425145
ISBN◎978-626-7181-61-4
Printed in Taiwan
本書定價◎新台幣 380 元 / 港幣 127 元